Brice Séverin **MABIALA DANDOU**

Les songes et leurs réalités

Brice Séverin MABIALA DANDOU

Les songes et leurs réalités

Éditions Croix du Salut

Imprint

Any brand names and product names mentioned in this book are subject to trademark, brand or patent protection and are trademarks or registered trademarks of their respective holders. The use of brand names, product names, common names, trade names, product descriptions etc. even without a particular marking in this work is in no way to be construed to mean that such names may be regarded as unrestricted in respect of trademark and brand protection legislation and could thus be used by anyone.

Cover image: www.ingimage.com

Publisher:
Éditions Croix du Salut
is a trademark of
Dodo Books Indian Ocean Ltd. and OmniScriptum S.R.L publishing group

120 High Road, East Finchley, London, N2 9ED, United Kingdom
Str. Armeneasca 28/1, office 1, Chisinau MD-2012, Republic of Moldova, Europe
Printed at: see last page
ISBN: 978-620-6-17021-1

Les songes et leurs réalités

Tous les détails sur les songes, leurs origines, leurs rôles, leurs interprétations…

Vers une spiritualité hors norme

Explorer le monde des rêves,
Livre de Brice Sévérin DANDOU MABIALA

Table des matières

Avant-propos

Les songes et leurs réalités est un livre qui devrait susciter la curiosité de tous, d'autant que tout le monde fait des songes. Il est malheureusement regrettable de constater que peu de personnes seulement s'interrogent sur la nature des images que l'esprit leur présente pendant leur couche. C'est ce qui fait que nous soyons souvent surpris lorsque certains événements qui nous ont été montrés en songe, s'accomplissent. Les précieux enseignements de ce livre répondent à toutes les questions que l'on peut se poser au sujet des songes.

De par mon expérience, il est arrivé que je sois surpris par un événement que j'ai vu précédemment en songe. J'ai aussi rencontré de nombreuses personnes qui m'ont fait part des expériences similaires. Dieu dit dans Osée 4 : 6 : « Mon peuple périt faute de connaissance ». Je me souviens d'un frère qui est mort il y a quelques années, la nuit qui précédait sa mort, il a vu en songe un baobab qui avait séché. Mais il n'avait pas compris le sens de la vision, bien qu'il fût troublé à son réveil. Lorsque nous lisons l'histoire de Joseph, nous nous rendons compte que si pharaon avait ne s'était battu pour trouver quelqu'un qui pouvait interpréter ses deux songes, l'Egypte périrait de la famine qui avait sévi toute la terre, et même les peuples qui s'y rendaient pour acheter les vivres, devraient aussi périr.

Je sais que certains ont déjà rencontré des livres scientifiques qui ont essayé d'aborder cette question avec moins de lucidité. Je vous dis que la science ne saurait donner une réponse exhaustive concernant les songes, simplement parce que nombreuses de ces images nous viennent du monde des esprits. Pour arriver à écrire ce livre, il a fallu une longue carrière des expériences spirituelles. Je vous encourage à le lire avec une attention particulière, et vous en serez très édifiés.

Introduction

Ce livre est une véritable exploration du monde des songes, le terme explorer signifie visiter un pays, un endroit en l'étudiant avec soin. L'histoire nous parle des grands explorateurs de ce monde, ces personnes qui par exemple, ont découvert les continents comme l'Afrique, l'Amérique…elles ont marqué l'histoire des peuples.

Il est aussi possible d'explorer spirituellement en découvrant des nouvelles réalités, seuls les yeux de l'esprit peuvent nous permettre de faire de telles expériences. Certainement que chacun de nous a déjà eu à les faire sans qu'il ne s'en rende compte.

Dans nos couches, ce ne sont pas les yeux charnels qui sont à l'œuvre, mais plutôt ceux de l'esprit. Dans le domaine spirituel, nous rencontrons l'Esprit de Dieu, les esprits des anges, les esprits des saints, les esprits humains, l'esprit du diable, les esprits des morts et les esprits des démons. Les esprits des démons sont caractérisés dans Ephésiens 6 : 12, on peut citer : Les dominations, les autorités, les princes de ce monde des ténèbres et les esprits méchants dans les lieux célestes. D'autre part, on nous parle des trônes, des profondeurs et des hauteurs.

Chaque homme qu'il le veuille ou pas, est sous l'influence de l'un des esprits cités ci-dessus, cela dépend de notre façon de nous conduire. Si nous avons une bonne relation avec Dieu, nous sommes sous son contrôle et son Esprit nous dirige. Nous pouvons de ce fait voir un ange de Dieu nous apporter des messages venant de notre Seigneur.

Cependant, si c'est le contraire, nous sommes en proie aux forces du mal, ce qui est vraiment triste d'autant que cette influence se répercute dans notre vie physique.

Certaines personnes prétendent qu'elles ne sont en contact ni avec l'Eprit de Dieu, ni avec celui des forces du mal, c'est une ruse de l'ennemi, cette réalité est pratiquement impossible, car le monde subit l'influence des forces spirituelles. Si vous menez une vie d'échec dans ce monde ci, cela veut simplement dire que vous êtes vaincu spirituellement et tous les efforts charnels que vous allez fournir pour vous en sortir, ne pourront pallier à vos difficultés.

Si vous êtes dans cette situation, appelez Jésus et il vous délivrera de cette situation qui rend la vie amère, sachez que les amertumes chroniques ne sont pas le plan de Dieu pour vous. Ce n'est pas de façon expresse que nous avons voulu parler du monde des rêves qu'il faut explorer. Car ce monde bien que différent du cosmos (monde physique dans lequel nous entreprenons nos activités), exerce cependant une influence sur lui.

Revenons dans Ephésiens 6:12, la Bible dit " "Car nous n'avons pas à lutter contre la chair et le sang, mais contre les dominations, contre les autorités, contre les princes de ce monde de ténèbres, contre les esprits méchants dans les lieux célestes".

Paul nous révèle la nature des forces auxquelles nous sommes confrontés, forces qui opèrent dans les lieux célestes et exercent une influence sur les humains. L'Apôtre parle des "lieux célestes", il ne s'agit pas d'un seul lieu, mais des lieux, cette pluralité s'explique par la multiplicité des esprits et par leurs différents champs d'action, alors cessons d'être ignorants. Les dominations comme les deux bêtes que nous présente l'Apocalypse 13(la bête et le faux prophète) dont la religion et la politique s'étendent à l'échiquier planétaire, sont plus puissants que les autorités dont l'influence peut s'étendre à un pays ou à un continent.

Parmi les autorités, on peut citer l'ange qui protégeait le royaume de perse (roi de perse ou chef du royaume de perse) et qui avait résisté à l'ange que Dieu avait envoyé auprès de Daniel (Daniel 10 :12-13. Je parlerai des différentes opérations de ces esprits dans l'un de mes prochains livres intitulé « Nous n'avons pas à lutter contre la chair et le sang ».

Je vais vous dire une chose qui va peut-être vous scandaliser, un homme qui n'a jamais rêvé, n'est pas en bonne santé spirituelle, mais il est sous anesthésie spirituelle. Le diable l'a mis dans cette situation de peur qu'il ne prenne conscience de sa réalité spirituelle.

En 2003 avant que je ne commence à découvrir la page la plus sombre de ma vie alors que j'étais en année de licence, j'avais fait un songe qui a tout assombri. Alors que je me disais que très bientôt je deviendrai heureux en obtenant un bon poste budgétaire, mais le diable aussi faisait ses calculs.

A un mois de ma licence, j'étais en stage dans une entreprise de la place, on attendait que mon admission, tout était prêt pour que je fus engagé. Malheureusement je n'étais pas affermi pour comprendre un certain nombre de choses, j'ai fait un songe dans lequel j'étais prêt à prendre une position élevée, j'étais vraiment très bien habillé dans le songe. Brusquement une personne m'avait saisi par le talon pour me faire redescendre.

A mon réveil, mon cœur battait à vive allure comme si j'étais vraiment impliqué dans une situation très dangereuse, c'était le début des calamités, tout était devenu sombre autour de moi, la page des larmes s'était grandement ouverte.

Ma fiancée m'avait fui, l'argent était devenu un mythe, la famille m'avait tourné le dos, j'étais à la une des causeries de mes amis qui m'avaient abandonné.

Il y a néanmoins eu du positif dans tout cela, car c'est à partir de ce moment que ma vie chrétienne connait une discipline. Que s'était-il passé? J'ai été vaincu dans le monde des rêves par un géant qui assujettit la famille depuis de longues dates. A partir de ce moment j'ai cherché à développer ma vie spirituelle en y appliquant une discipline, ce qui n'était pas le cas avant.

Constatant que je n'étais pas le seul chrétien de ma famille et qu'en dépit de notre chrétienté, rien n'allait bon train.

Alors je me posais la question suivante : Dois-je continuer sur cette voie ou dois-je en prendre une autre ? J'ai réalisé que personne ne pouvait me secourir en dehors de Jésus, il suffisait d'aller en eau profonde.

Le Seigneur m'a conduit dans des longs moments de brisement et j'ai souvent recouru au jeûne et à la prière. C'est partant de ces dures épreuves que j'ai commencé à découvrir un nouveau monde qu'il fallait explorer, c'est le monde des songes dont il est question dans ce livre.

Un monde des esprits où se prennent des décisions importantes qui influencent l'humanité toute entière.

Aujourd'hui je ne prêche pas seulement le salut de l'âme, mais la délivrance de tout l'être (corps, âme et esprit) en vue d'une prospérité à tous égards.
J'ai donc pris conscience de la réalité du combat spirituel que beaucoup des chrétiens semblent, malheureusement ignorer. J'ai voulu d'entrée faire mention de ce témoignage pour qu'avant que les lecteurs n'arrivent à décortiquer les chapitres, qu'ils réalisent qu'il est question de vie ou de mort dans ce sujet que nous traitons dans ce livre.

Si le songe fait partie des voies que Dieu utilise pour parler à son peuple, les enfants de Dieu devraient y accorder une importance particulière. Des nombreuses vies ont été orientées, des solutions ont été trouvées, des dangers ont été évités au travers les songes. Le songe est un domaine profond de la prophétie, écoutons ce que Dieu dit lui-même à propos dans Nombres 12:6 "*Et il dit: Ecoutez mes paroles! Lorsqu'il y aura parmi vous un prophète, c'est dans une vision que moi, l'Eternel, je me révélerai à lui, c'est dans un songe qui je lui parlerai*".

C'est Dieu lui-même qui a parlé dans ce passage, c'était lors d'un conflit pendant qu'Aaron et Marie contestèrent l'autorité de Moise homme de Dieu. Je voudrais juste que l'on s'intéresse à la place que Dieu attribue aux songes.

Nous sommes à une époque où peu de gens accordent l'importance aux prophéties au détriment d'une vie religieuse pleine des dogmes dans laquelle seule la prédication est considérée comme prophétie.

Cette triste réalité associée à d'autres que je vais aborder dans mon livre "l'église et les systèmes religieux", ont réduit le christianisme en une simple moralisation. Ceci justifie l'insipidité des résultats que l'on récolte après des longues cérémonies religieuses.

Lorsque Dieu m'a révélé mon ministère, ce n'était pas par une prédication, mais il m'a plutôt parlé en songe pendant deux nuits. Des nombreux frères m'ont aussi partagé leur témoignage, en me disant comment Dieu a utilisé les songes pour les orienter. C'est vraiment merveilleux de comprendre que le Dieu de la Bible continue à parler à tous ceux qui lui font confiance.

Si nous parlons des songes comme faisant partie des voies que Dieu utilise pour parler à son peuple, nous ne voulons cependant pas donner un rôle prophétique à tout rêve, ce serait très dangereux, car nous allons comprendre qu'il y a des songes qui sont le fruit de la pensée humaine, d'autres encore ont une origine ténébreuse.

« Explorer le monde des songes » nous parle à la fois des origines des songes et des types de songes que la Bible nous révèle.

Il regorge sept chapitres, le premier parle des rêves sans importances spirituelles, le deuxième fait mention des songes d'origine divine, le troisième concerne le rêves d'origine satanique, le quatrième chapitre parle des rêves des païens, le chapitre cinq quant à lui parle de l'interprétation, le sixième chapitre fait mention de quelques symboles et leurs significations et enfin le septième parle de quelques sentiments générés par les songes.

Les rêves, les visions et les songes

Il est pratiquement impossible de parler de la spiritualité sans toucher ces trois domaines par lesquels l'homme se met en contact avec le surnaturel. Plusieurs versets de la Bible nous racontent comment Dieu a parlé à des hommes de la même nature que nous, en passant soit par un songe, soit par une vision, bien qu'il y ait encore d'autres moyens par lesquels Il peut s'adresser à nous.

Dans Genèse 27 on nous parle des songes de Joseph ; Dans le livre de Daniel on nous parle à la fois des songes de Daniel et de ceux de Nebucadnetsar ; Dans Genèse 28 on nous parle du songe de Jacob ; dans Ezéchiel, Zacharie et bien d'autres livres prophétiques on nous parle des visions, des songes et des prophéties.

Dieu accorde une place de choix aussi bien aux songes qu'aux visions, écoutons ce qu'Il dit dans Nombres 12 : 6 : « Et Il dit : Ecoutez bien mes Paroles ! Lorsqu'il y aura parmi vous un Prophète, c'est dans une vision que moi, l'Eternel, je me révélerai à lui, c'est dans un songe que je lui parlerai ». C'est Dieu Lui-même qui le dit, ce verset prouve clairement que les songes et les visions ont une place de choix dans la vie des humains, car ils en reçoivent des informations très importantes pour la conduite de leur vie.

D'ailleurs Joël 2 : 28 en parle aussi comme canaux par lesquels le Saint-Esprit devait s'adresser à nous en ces derniers temps, Dieu dit : « Après cela, je répandrai mon Esprit sur toute chair ; Vos fils et vos filles prophétiseront, vos vieillards auront des songes, et vos jeunes gens des visions ». Cette prophétie connait son accomplissement depuis le jour de la pentecôte dont nous parle Actes 2, et jusqu'à l'enlèvement il en sera ainsi.

Nous parlons aussi des rêves parce qu'ils font partie de notre vie, car il n'y a aucun homme qui ne rêve, et sachons aussi que certains rêves nous sont communiqués par Dieu Lui-même. Il scie donc de parler de ces choses qui font partie intégrante de notre vie.

Le rêve

Le dictionnaire Définit le rêve comme étant une invention de l'esprit consistant à imaginer la réalisation du désir ou des désirs non aboutis. L'homme s'imagine beaucoup de choses qu'il pense réaliser, et cela lui réapparaît parfois pendant sa couche, c'est alors qu'on parle des rêves sans importances spirituelles qui ne sont que le fruit de nos pensée. J'en avais expliqué longuement dans « Explorer le monde des rêves ».

J'avais dit que les rêves sans importance spirituelle sont classés en quatre catégorie : le fruit de la pensée ; la continuation de nos activités journalières ; suite incohérente d'images n'ayant aucun sens d'interprétation ; les rêves nostalgiques qui nous rappellent certains événements de notre passé.

Qu'en cela ne tienne, avec le Seigneur nous avons la possibilité de transformer nos rêves en réalités, car la Bible dit que si nous demandons quelque chose en son nom, Il le fera. Ecrire des livres pour moi, n'est pas le fruit d'un songe, ni d'une vision, ni d'une prophétie, mais j'ai eu ce rêve subitement juste après mon départ de l'alliance chrétienne et missionnaire.

Dieu a trouvé que ce projet est bon, et Il le fait réussir, voilà pourquoi je suis déjà à mon onzième livre. Mais bien avant que je ne publie le tout premier, alors que j'étais en train de l'écrire, par prophétie j'avais reçu l'instruction d'écrire sur tout ce que j'ai dit dans ce livre à propos de la sorcellerie et de l'occultisme dans son ensemble. Quand je reçois cette instruction en 2012, je ne savais pas comment commencer à écrire un livre à propos.

Mais j'avais gardé soigneusement ces visions, et quand j'ai été inspiré de parler du combat spirituel, ces éléments ont trouvé leur place par rapport au thème. Je pense que cette organisation d'idées et d'informations n'est pas le fruit de la pensée, Dieu savait certainement que j'allais parler de ces choses, car c'est Lui-même qui m'a fait passer par toutes ces expériences. Disons que certains rêves sont aussi le fruit des pensées venant droit de l'ennemi, et si nous ne sommes pas fort mentalement et spirituellement, ils peuvent aussi influencer nos vies.

Le songe

Le songe est une suite d'images inconscientes produites par l'esprit durant le sommeil, le songe est un domaine profond de la prophétie en ce sens qu'il nous révèle beaucoup de choses. Plus-haut nous avons lu des versets prouvant que Dieu utilise les songes pour parler aux hommes, les songes nous révèlent aussi notre santé spirituelle. Vous remarquerez que les personnes faibles spirituellement subissent souvent des événements en songes, par contre celles qui marchent dans les voies de Dieu, se voient très souvent victorieuses dans les images que l'esprit leur présente au travers des songes.

Nous avons aussi parlé longuement des songes dans « Explorer le monde des rêves », ce livre très édifiant qui a touché les cœurs de nombreux lecteurs Chrétiens, gloire soit rendue à Dieu ! Nous allons tout de même en parler de nouveau dans ce livre qui n'est qu'une version révisée et augmentée.

La vision

La vision est l'ensemble d'images et des messages d'ordre surnaturel qui apparaissent à l'esprit, ces images apparaissent aux yeux de l'esprit. Nous pouvons avoir une vision au même moment que nous avons aussi nos yeux charnels ouverts, ou pendant que nous sommes en train de prier les yeux fermés. Ceux qui ont les dons comme ceux de la prophétie, la Parole de connaissance et du discernement ont très souvent des visions. En notre temps, de nombreuses personnes pensent à tort que si elles ont très souvent des visions, donc elles sont prophètes.

Le diable utilise aussi très souvent le domaine des visions pour séduire et détourner du droit chemin. Celui qui a des visions divines, ne voient pas que les esprits mauvais, mais il voit aussi très souvent les Anges de Dieu puisque la vision lui vient de Dieu Lui-même. Quand vous avez avec vous quelqu'un qui a très souvent des visions, mais qui ne vous parle que des serpents ou de quelque autre démons, prenez le temps de prier pour connaitre la nature de son fameux don.

Lorsque Dieu nous donne des visions, leur premier rôle est de nous transmettre les messages de Dieu Lui-même. Pouvez-vous ouvrir une chaine de télévision par laquelle vous ne transmettrez que les reportages de vos ennemis ? Allez y comprendre ! Dieu ne peut pas vous donner quelque chose qui va mieux servir au diable qu'à Lui-même. Quand vous détenez ce Don de Dieu Lui-même, soyez-en surs, vous recevrez beaucoup des messages venant de Lui.

Sachez aussi que même lorsque vos visions ont une source ténébreuse, le diable vous donnera aussi des bons mensonges. Lorsque j'étais encore à Bethel, on avait un frère qui avait été séduit par un faux prophète qui avait mis en place un groupe de prière. Ce faux prophète avait vraiment une apparence de la piété, et ses adeptes qui avaient quitté notre assemblée rendaient un bon témoignage de lui.

Cette communauté avait développé une sorte d'amour apparent qui séduisait même nombreux des frères qui étaient avec nous. J'y étais invité une fois, et j'ai vu comment les gens avaient du mal à se séparer après le culte, c'était vraiment extraordinaire. Bien que là où j'étais aussi n'était pas un bon milieu, je ne ressentais cependant aucun sentiment de rejoindre ces frères qui étaient partis pour un soit disant réveil authentique.

Au bout de quelques années, les frères et sœurs de cette communauté qui étaient devenue une grande église, commençaient à avoir des visions, des songes et des prophéties, on en entendait les échos.

Nombreux témoignaient être très souvent avec les anges, pendant ce temps, ceux qui avaient un esprit résistant vis-à vis de l'esprit qui travaillait avec le leader s'appauvrissait bizarrement. Le faux prophète est arrivé à un niveau où il gérait les salaires, les fonds de commerce, les voyages et tout ce qui concernait la vie de ses adeptes. Il était à cheval entre Brazzaville, Pointe noire, Johannesburg et Kinshasa.

Chaque fois qu'il venait à Brazza, tous les adeptes devaient se rendre soit à l'aéroport, soit au Beach. Les fideles le logeaient chez eux, certains couples abandonnaient même leurs chambres pour dormir au salon. A un certain moment, les sœurs commençaient à faire des expériences bizarres, certaines d'entre elles s'accouplaient avec les anges qui n'étaient que des démons. Le faux prophète leur faisait savoir que cette fusion devait donner naissance aux enfants des derniers jours, et les adeptes étaient obligés d'accepter cette réalité qui provenait droit du monde des ténèbres.

Notre frère qui y était donc parti, avait aussi eu une vision bizarre. Sa femme se trouvait enceinte de façon incompréhensible, alors qu'elle revenait d'un voyage de deux mois qu'elle avait fait avec le faux prophète et bien d'autres adeptes. A son retour, le frère constate que sa femme est enceinte d'un mois. Alors qu'il voulait la chasser, subitement il a vu une grande lumière, et ange lui est apparu dans la chambre en s'adressant à lui en ces mots : « Ôtes tes sandales de tes pieds, car tu n'es pas digne de te tenir devant ma face ! », à ces mots le frère s'était prosterné. L'ange avait pris de nouveau la parole en ces mots : « Ne chasse pas ta femme, car l'enfant qu'il porte sera un grand homme », l'ange lui avait aussi communiqué le nom que devait porter l'enfant.

Le frère tout joyeux, est venu nous faire part de cette vision diabolique, pensant que c'était Jésus. Il m'avait dit qu'il a vu Jésus, j'ai dû croire un instant ! Mais lorsqu'il m'avait fait part du message qu'on lui avait apporté, j'avais discerné que le frère avait été séduit par un démon ou encore par le diable lui-même, car il n'y aura aucun autre enfant qui naitra dans ces conditions. Allons-nous donc avoir deux sauveurs ? Bien-aimé, comprenez que le diable est rusé.

Deux années après alors que j'étais désormais marié, ma femme qui n'avait aucune connaissance de tous ces faits avait tout de même eu un songe sur ce frère, car il était revenu vers nous parce qu'il avait été sanctionné par le faux prophète. Nous ne savions même pas que le foyer du frère était en feu, mais ma femme avait eu une vision dans laquelle ce frère était en train de chasser sa femme parce qu'elle avait eu un enfant avec le faux prophète, et ma femme qui n'était jamais arrivé chez ce frère m'avait même décrit la physionomie de l'enfant.

Je suis allé voir le frère et je lui ai parlé sagement pour savoir s'il y avait un problème dans son foyer, c'est alors qu'il commençait à me relater les tristes réalités et les scandales que le faux prophète avait semés dans son foyer. Après cet incident, de nombreuses sœurs commençaient aussi à dévoiler les expériences négatives similaires dont elles avaient été victimes. Au moment où je vous parle, de nombreux foyers ont été détruits par ce fameux prophète dont le temple de l'église mère avait été démoli. Soyez très prudents et comprenez que la séduction est passée à une vitesse supérieure.

CHAPITRE I : Les rêves sans importance spirituelle

Nous avons voulu commencer par ce chapitre parce ce qu'il semble le moins important de par son contenu spirituel. Cependant, bien que ce genre des rêves n'ait aucune importance spirituelle, il n'en demeure pas moins d'en parler, car j'ai déjà rencontré un couple qui prend en ligne de compte tous les songes, à ce moment ça devient très dangereux, parce que le diable les divertit très facilement. Ce couple n'a cessé de déménager parce qu'il rencontre des sorciers partout où il va.

J'ai à plusieurs reprises écouté ce couple lors des entretiens, je me suis rendu compte que non seulement il subissait des attaques, mais aussi que ce jeune frère et sa femme sont toujours sûrs de rencontrer un sorcier qu'ils finissent par le voir approcher en songe, cela a causé des frustrations dans la vie de plusieurs frères et sœurs qui étaient indexés par ce couple.

Un jour, la sœur est venue me voir pour dire :"homme de Dieu prie pour moi, car je n'ai pas eu de songe la nuit et j'en suis dérangée". J'ai compris que l'ennemi avait pris place dans leur foyer jusqu'au point où ils ont supposé que ne pas rêver pendant une nuit, est aussi une attaque démoniaque.

Ce frère et cette sœur ont fini par considérer leurs deux filles comme étant des sorcières parce qu'ils les avaient mal rêvées. J'étais obligé d'organiser un séminaire sur les songes, c'est après cet enseignement, que j'ai commencé à constater un changement dans leurs réactions.

Comme nous l'avons dit plus haut que tout songe n'est pas une prophétie, les rêves sans importance spirituelle sont classés en quatre catégories. Dans la première catégorie, il est question des rêves qui résultent de nos pensées ; Dans la deuxième catégorie nous avons tous les rêves constituant la continuation de nos activités journalières ; La troisième catégorie, elle, concerne tout songe présentant une suite incohérente d'images incompréhensibles et ne présentant aucun sens d'interprétation ; Et enfin, la quatrième catégorie concerne les rêves nostalgiques(Les rêves qui nous rappellent notre passé).

1-Fruits de la pensée

Lorsque vos pensées sont préoccupées par quelque chose, vous finirez par le voir se produire dans votre songe .Vous pouvez alors vous réveiller très joyeux, prétendant avoir une réponse à votre attente, alors que vos pensées n'ont fait que reproduire ce que vous souhaitez. Cela m'arrivait souvent et je croyais avoir affaire à des prophéties, mais lorsque je commençais à faire des rêves contradictoires sur un même point, je comprenais qu'il fallait vraiment être sage et prudent pour ne pas se laisser bercer par les illusions n'ayant rien de commun avec la prophétie.

Je bénis Dieu pour son Esprit qui nous donne la capacité de discerner, nous pouvons par son aide identifier les rêves sans importance spirituelle.

Remarquons qu'il n'y a aucun homme qui ne peut faire que deux songes tout le long de son existence, cependant lorsque la Bible nous parle des songes de Joseph, elle n'en fait mention que de deux .La raison est simple, c'est parce que ces deux songes étaient prophétiques. Joseph en avait certainement eu d'autres, mais qui ne représentaient peut-être d'aucun intérêt sinon Dieu aurait dû les révéler à son serviteur Moise pour qu'il en fît mention dans le décalogue.

Il en est de même pour nous, nous faisons des songes, parmi eux il y en a qui n'ont aucune importance, voilà pourquoi nous ne devons pas bâtir notre doctrine sur les songes.

Esaïe parle de ce type de songes qui sont les fruits des pensées, au verset 8 du chapitre 9 il est dit: " *Comme celui qui a faim rêve qu'il mange, puis s'éveille, l'estomac vide, et comme celui qui a soif, rêve qu'il boit, puis s'éveille, épuisé et languissant ; Ainsi sera-t-il de la multitude des nations qui viendront attaquer la montagne de Sion"*. Le prophète dit clairement que celui qui a faim rêve qu'il mange, pourquoi rêve-t-il alors qu'il mange? Parce que toute sa pensée est concentrée sur l'idée de trouver enfin de la nourriture, il en est de même pour celui qui pense à un emploi, il finira toujours par rêver un bon bureau.

Il pourra alors supposer que c'est un message venant de Dieu, Dieu n'a jamais menti, donc tout songe prophétique, doit nécessairement s'accomplir. J'ai aussi été victime des songes sans importance spirituelle, ce fut beaucoup plus lorsque j'avais commencé à penser trouver une sœur avec qui je devrais passer le reste de ma vie, plusieurs songes contradictoires m'avaient embarrassé et je suis resté perplexe pendant longtemps. Mais lorsque le temps de Dieu est arrivé, il m'a clairement orienté et j'ai facilement discerné que le moment était arrivé.

Chronique d'un amour illusoire

Il est 15 heures lorsque je vais assister à une réunion des jeunes dans une assemblée chrétienne de la place. La réunion est merveilleuse, le groupe des chantres nous conduits dans des cantiques merveilleux.

16 heures, l'orateur monte à l'estrade pour donner un message très édifiant qui aboutit à un moment de question réponse entre l'orateur et son auditoire. 17 heures, nous passons à la fraction du pain, c'est aussi le moment de faire connaissance d'autres frères et sœurs. Une sœur est venue me saluer, je me suis présenté à elle.

Très gentille qu'elle est, elle me communique son prénom. Il est trop tôt pour lui demander son numéro, j'ai néanmoins mon frère qui m'avait passé l'invitation qui est de la même Communauté. J'aurai certainement beaucoup d'information à propos de la sœur Van, car ça fait bien longtemps que mon cœur avait éprouvé des sentiments pour une sœur.

C'est la septième année depuis ma conversion, en plus j'ai envie de tisser une amitié qui pourrait aboutir au mariage. Depuis plus d'une année je pense à une apparition de l'âme-sœur avec qui je réaliserai mes rêves. Van est peut-être celle-là!

20 heures, je regagne ma maison avec un cœur vraiment émotionné, je dois bientôt aller dans mon lit, car il faut bien que j'y réfléchisse!

A peine que je suis dans mon lit que je commence déjà à penser à Van, toute ma nuit est perturbée que je regrette n'avoir pas pris son numéro. 2 heures du matin, le sommeil est toujours absent de mes yeux, je réalise très vite que je suis tombé amoureux.

4 heures du matin, le réveil retentit, c'est l'heure de la prière, il faut prier pour lutter contre ces sentiments qui risqueraient de me conduire loin de la face de Dieu. Je parviens enfin à me remettre.

Quelques jours après l'image de Van n'est plus fréquemment dans ma pensée, gloire à Dieu pour cet effort. Quelques mois plus tard, je suis invité dans la même communauté pour aller assister à un séminaire que devrait animer un prophète qui provenait de la France. Je revois la sœur Van et je la trouve encore plus attrayante que l'autrefois.

Le deuxième jour du séminaire, on se salut à la fin du culte et je prends son numéro et j'en suis très joyeux. Quelques jours après le séminaire, je lui envoie un verset biblique comme tout frère ambitieux, elle en est ravie et c'est le début de la communication.

Tellement que je pense à cette relation, que bientôt les rêves seront au rendez-vous. Ces rêves sont prometteurs et je suppose que ce sont des signes rassurants. Je ne passais plus une journée sans envoyer un message à Van, je découvre qu'elle fait aussi les mêmes choses que j'ai faites à l'université, alors nous avons donc beaucoup des sujets de causerie.

Je commence donc à épargner pour le mariage, sans encore rien dire à Van, et je commence aussi à lui rendre visite chez ses parents où elle habite. Au fil du temps mes intentions se révèlent, je constate qu'elle est vraiment perplexe. Notre relation va bientôt connaitre des périodes timides, malgré mes deux rêves.

J'essaie de ralentir le processus tout en priant avec instance, dans mes prières je demandais sans cesse à Dieu de me montrer si c'est bien elle la femme de ma vie.

Je me suis vraiment éloigné de Van, les messages ne sont plus récurrents, mais pendant qu'il n'y avait pratiquement plus de communication entre nous, je fais un songe dans lequel j'étais en train de dire à un ami qu'il faut que j'épouse Van. Dans le songe, j'avais reçu son appel.

A mon réveil, je n'y accorde pas trop d'importance, cependant tout change lorsqu'à 10 heures je reçois son appel comme je l'ai vu en son songe. Du coup j'ai la conviction que c'est elle qui sera mon épouse, mais plus je prie, plus je m'éloigne d'elle et pourtant il n'y avait pas une opposition qui pouvait vraiment me faire abdiquer.

Il scie de souligner aussi qu'en dépit du fait que les rêves générés par nos pensées, sont sans importance spirituelle, nous pouvons tout de même changer leurs sens lorsque nous tenons à obtenir ce à quoi nous pensons, nous pouvons soumettre ce besoin à Dieu, qui a dit que nous devons Lui faire connaitre nos besoins par des prières, des supplications et des actions de grâce.

2-La continuation des activités   journalières

Outre les songes que les pensées génèrent, il faut aussi compter parmi les songes vaniteux, ceux qui expriment la continuation des activités qu'on a eues à entreprendre la journée. Ce genre des rêves reproduit généralement les mêmes scenarios, au cas contraire, ils commencent là où nos activités s'étaient arrêtées. Le plus souvent, ils interviennent dès les premières secondes de notre sommeil. Toute personne a déjà fait ce genre d'expérience. Ces rêves ont deux sens : premièrement, lorsqu'ils reproduisent exactement ce que nous avons entrepris la journée, cela veut dire que nous avons atteint nos objectifs journaliers. Cependant, s'ils commencent là où nos activités s'étaient arrêtées, cela veut dire que nous n'avons pas pu achever nos activités.

3-Suite incohérente d'images incompréhensibles

La dernière catégorie des rêves sans importance spirituelle, est celle qui nous produit des images incohérentes incompréhensibles. Vous pouvez vous trouvez à Londres en train de jouer avec vos amis de Pointe-Noire et soudain vous vous retrouvez à moungali en train de faire quelque chose que vous n'avez jamais pensé faire, à ces images peuvent s'ajouter d'autres qui rendent encore votre rêve plus incompréhensible.

Ne vous lamentez pas à en chercher l'explication, il peut juste s'agir de l'adéquation entre le fruit de la pensée de la continuation des activités journalières, et la nostalgie du passé. Ce type de songe va même jusqu'à exhumer les souvenirs d'un passé lointain au point où vous pouvez vous retrouver avec vos amis d'enfance, entrain de faire ce que vous faisiez autrefois. Ne vous lamentez pas, vous ne redeviendrez certainement plus enfant, vous ne repartirez plus à l'école primaire pour jouer de nouveau avec ceux-ci.

4 Les rêves nostalgiques

Ils sont la reproduction de notre vie du passé comme le titre l'indique. Les rêves nostalgiques font ressurgir soit un bon souvenir d'un passé lointain, soit un mauvais souvenir.

Toute personne connaît toujours une époque de la vie qu'elle trouve comme étant la meilleure de par l'impact des souvenirs. Lorsqu'elle traverse les mauvais temps, elle repense souvent à ce fameux passé.

Il en est de même pour une personne qui passe de bons moments, il pense aussi
à son passé misérable qui est aussi un souvenir indélébile.

Ces événements ayant marqué nos vies, nous reviennent parfois en songe, même
lorsque nous n'y pensons plus.

La différence entre les rêves nostalgiques et les fruits de la pensée est que dans
les premiers nous relatent notre passé parfois sans qu'on y ait pensé, tandis que
les fruits de la pensée nous présentent nos souhaits présents.

CHAPITRE II : Les songes d'origine divine

Ce sont les plus importants de par leur contenu et le rôle qu'ils exercent sur les humains.
Il en existe plusieurs et se distinguent les uns les autres de par le rôle qu'ils jouent.

Les songes prophétiques

Pour les comprendre, il nous faut au préalable connaitre ce qu'est la prophétie, et ensuite voir leur caractère et leur particularité. La prophétie c'est la parole que l'on prononce sous l'inspiration divine, elle vient pour apporter une élucidation concernant une situation donnée dans le passé, le présent ou à l'avenir. Le Prophète (le porte-parole de Dieu) ne dit pas des généralités, il nomme des choses concrètes par leur nom, donne une promesse précise pour une situation précise.

 Les songes prophétiques sont les plus importants, premièrement parce que la prophétie est une parole certaine qui vient de Dieu, deuxièmement elle revêt un caractère irrévocable. La particularité de ces rêves est leur certitude à s'accomplir, dans la plupart des cas le message revient avec insistance. C'est-à-dire qu'une personne peut faire le même songe à plusieurs reprises ou encore que des personnes différentes peuvent recevoir le même message.

Lisons Genèse 41 : 32 pour, mieux illustrer ce que nous venons de dire, la parole déclare : *« Si le pharaon a vu le songe se répéter une seconde fois, c'est que la chose est arrêtée de la part de Dieu, et que Dieu se hâtera de l'exécuter »*.

Dans ce songe Joseph révèle l'importance de cette insistance. Il montre le caractère irrévocable de l'arrêté divin. Dans la suite du texte nous remarquons que Dieu a fini par exécuter sa parole.

Ne négligez pas les songes qui se répètent, au risque d'être surpris par quelque chose dont Dieu vous a tenu informé. Dans ce genre des cas, les images peuvent ou ne pas être les mêmes, mais la convergence se trouvera au niveau de l'interprétation, c'est ce qui se passe dans les rêves de pharaon. Dans le premier, il aperçoit les vaches grasses et les vaches maigres, par contre dans le second il voit des épis gras et des épis maigres. Pourtant les deux songes avaient la même interprétation, pharaon ne le comprit pas, mais gloire soit rendue à Dieu qui a pourvu Joseph pour en donner l'interprétation.

Dieu n'est pas mort avec Joseph, sa parole nous certifie qu'il n'a pas changé. C'est-à-dire que de la même manière qu'il a utilisé Joseph ou Daniel, il utilise aussi certains de nos frères qui peuvent interpréter les songes. En ce qui concerne les songes prophétiques et leur caractère répétitif, j'aimerais aussi donner un exemple de quelque chose que j'ai vécue.

En novembre 2011, ma femme a dit ceci : « J'ai eu un songe dans lequel tu revenais du travail, mais seulement, tu avais été empoisonné et tu étais devenu pâle ».

Nous avons prié et le lendemain, j'ai vu en songe qu'on m'avait servi un sandwich contenant deux bonbons rouges, mais l'extrémité du pain avait l'aspect d'un cercueil et l'un des collègues me posait la question pour savoir comment ce sandwich avait un tel aspect.

A mon réveil, j'ai eu très peur du fait que c'était déjà la seconde fois. J'ai finalement pris la résolution de ne plus manger là où je travaillais, car on me donnait des sandwiches presque tous les jours. Je travaillais avec des religieux qui n'étaient pas d'accord avec ma façon de faire, c'était à ce moment que le Seigneur commença à me révéler beaucoup des choses au travers des songes.

Du coup, je découvris que cette religion travaillait avec un esprit mauvais, j'étais devenu un élément gênant pour les faux pasteurs qui pourtant, jouissaient de la considération des membres de leur religion. Ces occultistes n'avaient plus qu'un seul but, m'éliminer pour conserver leur prestige, ces sorciers s'étaient érigés en un bloc de nuisance. Je vais développer ce point dans le livre l'église et les systèmes religieux, livre dans lequel je fais mention des sept signes de la manifestation de la sorcellerie dans une église, et bien d'autres systèmes qui ont pris place dans les assemblées dites chrétiennes.

En dépit de la résolution que j'avais prise, le songe est revenu une troisième, dans les trois cas, même si les images n'étaient pas les mêmes, Dieu avait insisté sur le fait que le complot devrait avoir lieu à mon lieu de service.

Je m'attendais à un empoisonnement physique, mais malgré que je me fusse abstenu de prendre les sandwiches, je suis tombé malade, car ils avaient utilisé des voies occultes. Or Dieu voulait que j'abandonne ce boulot misérable, mais je ne comprenais pas.

Je me disais que si j'abandonne comment devrais-je prendre soin de ma maison. Parfois les raisonnements nous font souffrir, j'ai souffert d'une toux dangereuse qui a duré plus de deux mois. Au point où ces religieux par hypocrisie m'avaient recommandé de faire un test de la tuberculose, ce que j'avais catégoriquement refusé sachant que mon Dieu ne m'a jamais fait une telle promesse.

Si j'étais parti faire ce test, je tomberais certainement victime de cette maladie. Connaissant leur ruse, j'ai vite réalisé que ces songes étaient en train de s'accomplir. Je bénis Dieu parce qu'il est plus grand que nos ennemis, j'ai vu la grandeur de la délivrance divine, car c'était un moment très sombre de ma vie. Je ne dormais plus la nuit, car la maladie était si violente que je commençais à avoir peur. J'ai successivement prie trois traitements préconisés par des médecins différents, mais tout cela en vain.

Je faisais des fortes fièvres, si bien qu'au deuxième mois de la maladie, j'ai pris le risque de jeûner pendant neuf jours. Au troisième jour, la toux avait pris fin , j'avais déjà commencé à prendre de l'eau glacée alors que cela m'avait été interdit. La puissance de Dieu a donné la solution là où la médecine était restée muette, c'est pour dire que les choses spirituelles ne se traitent que spirituellement. C'était juste une parenthèse, car j'ai parlé en long de cette maladie dans mon livre « Puis-je être Guéri ? ».

Avant de parler du songe de Nebucadnesar que Daniel avait interprété, je voudrais parler d'un songe que j'ai fait dans la nuit du quatre août 2006, j'ai fait un songe dans lequel je me trouvais sur un pont devant un grand fleuve dont l'eau était très claire. J'aperçus ensuite le soleil dans son aspect lors de son coucher, au bord du fleuve se trouvait de l'herbe verte d'un aspect merveilleux.

Dans cette herbe se trouvait une étoile et je m'étonnais du fait que l'étoile se soit trouvée dans l'herbe. Pendant que je cherchais à connaitre la nature de cette étoile, je me suis trouvé dans une petite pièce.

Quelques temps après, j'ai vu deux étoiles similaires à celle que j'avais aperçu au bord du fleuve. De ces deux étoiles sont sortis deux Apôtres du Seigneur, c'étaient Pierre et Jean. Pendant qu'ils étaient en train de me parler, j'ai vu une troisième étoile apparaitre et de celle-ci est sorti un autre Apôtre, c'était Paul qui me donna plus d'instructions que ses prédécesseurs.

Pendant que je voulais me réveiller, je suis rentré en extase et inconsciemment je répétais une phrase : « Oins-moi de ton onction » et cela plus d'une fois, après quoi je me suis réveillé. A mon réveil, j'étais très joyeux même si je n'en connaissais pas la signification. Personne n'avait pu en donner l'explication.

Une semaine après, dans un autre songe j'étais avec mon ami Franck et c'était à un moment crépusculaire. Il y a eu un grand vent violent, les gens se sont mis à fuir pour s'échapper.

Pendant que nous nous apprêtions aussi à prendre fuite, nous avons vu un homme en robe blanche dont les pieds ne touchaient pas le sol, il était suspendu dans l'espace. Et une voix se fît entendre en ces mots : « Vous ! Ne fuyez pas, écouter la prédication de l'Apôtre ».J'aperçus ensuite une étoile et c'était l'Apôtre Jacques, je me suis ensuite réveillé et je finis par discerner que ce songe contenait le même message que le premier, leur but était de préciser mon ministère

Revenons dans la Bible pour parler du songe de Nebucadnesar que Daniel avait interprété, car ce songe et son explication nous concernent, d'autant que depuis l'époque de Daniel jusqu'à l'enlèvement de l'Eglise, toutes les époques que vivent les hommes, se trouvent dans les différentes parties de la statue.

Daniel 2 : 31 à 33 dit ceci : « *O roi, tu regardais, et tu voyais une grande statue ; Cette statue était immense, et d'une splendeur extraordinaire ; elle était débout devant toi et son aspect était terrible. La tête de cette statue était d'or pur ; Sa poitrine et ses bras étaient d'argent ; Son ventre et ses cuisses étaient d'airain ; Ses pieds en partie de fer et en partie d'argile* ».
Les quatre parties de la statue représentent quatre empires dont trois avaient déjà existés, aujourd'hui nous sommes dans la quatrième partie. Le premier empire d'après l'interprétation de Daniel, symbolisait Babylone, c'est la tête d'or pur.

Un empire très puissant dont l'hégémonie s'étendait à l'échiquier planétaire, nous savons que l'or est parmi les métaux les plus précieux, Babylone était un empire très fort, il est même en train de faire sa résurgence. Le livre d'Apocalypse et bien d'autres passages bibliques, annoncent son retour, un retour dont la face est voilé dans la quatrième partie de la statue.

Le deuxième empire symbolisé par les bras et la poitrine, était le royaume des mèdes et des perses, il est aussi le deuxième animal de Daniel 7, Dieu a utilisé les rois Darius Cyrus…Ordonnant ainsi le retour de la captivité << Esdras 1 : 1 à 2 >>. Le troisième empire est la Grèce qui était aussi puissante du temps d'Alexandre, son hégémonie s'étendait aussi par toute la terre. Pendant son règne, les juifs rentrés en Palestine, ont beaucoup souffert une guerre incessante.

Le quatrième est l'empire romain, car c'est lui qui dans l'histoire, succède à la Grèce, C'est aussi cet empire qui ordonna la crucifixion du Messie, détruisit Jérusalem en 70 après Jésus et chassa les juifs de la Palestine.

Soulignant que cet empire continue à subsister sous forme des fédérations, c'est le monde actuel avec toutes ses alliances, c'est aussi le système que prône l'occident. Cet empire n'est pas un état ou un royaume, mais plutôt un système caractérisé :
- par une religion dont le poumon d'acier est le Vatican (l'esprit de la bête qui a deux cornes comme celles d'un agneau et qui parlait comme un dragon dont parle Apocalypse 13 :11).

Notons que l'Islam et toutes les fausses religions qui servent le diable, accepteront volontiers l'influence de la bête ;
- une politique basée sur l'influence militaire et l'imposition des prix sur le marché.

On trouve dans sa religion et dans sa politique, les traces de Babylone la grande. Ce système qui décide sur le sort des états faibles.

Une autre similitude d'avec Babylone est le fait que le roi Nebucanedsar fût destitué et qu'il fût loin du trône en habitant parmi les bêtes sauvage en dépit de sa puissance et de son influence, pour n'être rétabli qu'après sept temps (Daniel 4). De même, l'antéchrist vivra quelque chose de très difficile dont les hommes pourront supposer que c'est sa fin. Pourtant l'Apocalypse 13 :12 parle de la bête dont la blessure avait été guérie.

Les pays constituant le système de Babylone, se partagent le butin des pays faibles, ils ont mis en place des institutions servant à exploiter les pays des ACP et autres.

Cependant, si ce système parait irrésistible, il n'en demeure pas de souligner son point faible symbolisé par l'argile.

Ces pays s'entendent sur certains points, mais ne s'accordent pas sur d'autres. La Grande Bretagne par exemple, faisant partie de l'union européenne, refuse de partager la monnaie euro, préférant ainsi conserver le livre sterling.

Un autre exemple est que lorsque l'union est en désaccord sur un point avec les états unis, la Grande Bretagne bien qu'étant un état de l'union, préfère s'allier derrière les états unis.
On remarque aussi une autre faiblesse, la Russie frappe la Géorgie et proclame l'indépendance des deux républiques séparatistes. Aucun état ni de l'union, ni les états unis n'ont pu empêcher en dépit des critiques.

On peut aussi parler de l'indépendance du Kossovo, des guerres sans raison en Libye, en Irak…

Les rêves prophétiques influencent la vie jusqu'à en donner une nouvelle orientation, ils reviennent toujours à la pensée de ceux qui en ont eu. Ils nous donnent aussi d'être convaincus qu'ils s'accompliront.

C'est ainsi que beaucoup des gens ont commencé à penser autrement après avoir eu un songe concernant leur appel au ministère. Ils ont cessé de penser à l'aventure en occident, ils ont cessé d'être troublés par ce qui les préoccupait…

- **Le songe de la destinée**

La destinée peut être définie comme l'ensemble des événements qui constituent la vie, et qui ne dépendent pas de notre volonté, mais qui ont été fixés par le Dieu Créateur Lui-même selon le bon conseil de sa volonté. Lorsque nous lisons la Bible, nous nous rendons compte que Dieu a fixé le nombre de jours pour tout un chacun, et qu'il a aussi tracé le chemin constituant notre parcours.

Dans Jérémie 1 : 5, Dieu dit au Prophète : « Avant que Je t'eusse formé dans le ventre de ta mère, Je te connaissais, et avant que tu fusses sorti de son sein, Je t'avais consacré, Je t'avais établi Prophète des nations », dans Ephésiens 1 : 4 il est dit : « En Lui Dieu nous a élus avant la fondation du monde, pour que nous soyons saints et irrépréhensibles devant Lui ».

Ces versets nous montrent clairement que Dieu n'a jamais été surpris par quelques événements que ce soient, voilà pourquoi Il est capable de nous annoncer ce que nous seront dans les dix années à venir, c'est ce que nous voyons dans la vie de Joseph. Dieu lui avait fait savoir en songes qu'il serait plus grand que ses frères, et que ceux-ci devraient se prosterner devant lui. En dépit des précautions que ses frères avaient prises en concevant des projets malséants contre Joseph, le plan de Dieu avait triomphé, car ses frères l'avaient appelé par « seigneur » et ils sont allés se prosterner devant lui en Egypte.

Tous ceux qui prient réellement Dieu, font très souvent un ou plusieurs songes liés à leur destinée. D'autres par contre reçoivent ce plan par Prophétie ou par vision. Nous avons des promesses qui nous sont communes, celles qui sont mentionnées dans la Bible en faveur de tous ceux qui croient en Dieu. C'est le cas de Marc 11 : 24, c'est une promesse faite à tous les enfants de Dieu. Ecoutez ce que Dieu dit : « C'est pourquoi Je vous dis : Tout ce que vous demanderez en priant, croyez que vous l'avez reçu, et vous le verrez s'accomplir », cette promesse est pour nous tous.

Mais chacun de nous a des promesses qui lui sont propres, et en rapport avec sa destinée et sa mission. Ces genres des promesses nous sont généralement révélés une ou plusieurs fois. La grandeur de Joseph n'était pas une surprise pour lui, car Dieu lui en avait déjà parlé en songes plusieurs années avant. Cela fut aussi le cas pour Abraham, Isaac, Jacob et bien d'autres qui sont arrivés à la grandeur.

Je me souviens d'un songe que j'ai eu, alors que je n'avais même pas encore commencé à faire des délivrances au nom de Jésus. J'avais une sœur que je connaissais, et elle tenais du jus dans sa main, et voulait me l'offrir. Mais j'avais discerné que ce jus n'était pas bon, et comme je ne l'avais pas pris, la sœur avait changé d'aspect et j'avais vu un serpent apparaitre dans son visage. Du coup la sœur s'était mise à pleurer, et elle avait commencé à me relater toutes les difficultés qu'elle traversait, et comment cet esprit était rentré en elle.

Soudain je m'étais mis à prêcher, je parcourais les rues en proclamant cette Parole : « A tous ceux qui l'ont reçu, à ceux qui croient en son nom, Elle a donné le pouvoir de devenir enfants de Dieu », après je m'étais réveillé. Ce songe parlait de la démonstration de la Puissance de Dieu dans mon ministère et l'impact de la révélation dans l'interprétation des écritures. C'est là, la particularité que les gens observent très souvent de moi.

Vous avez certainement aussi eu un songe qui attire très souvent votre attention, vous ne l'oubliez jamais, alors que vous avez déjà eu plusieurs songes depuis que vous vivez. Il se pourrait que ce songe particulier soit celui de la destinée, il vous faut donc orienter vos prières dans le sens de son accomplissement. Car l'ennemi combat très souvent le songe de la destinée, il veut semer le trouble dans votre conscience. Le songe de la destinée est lui-même un songe prophétique, mais à la différence des autres songes prophétiques, il est celui qui vous révèle le plan de Dieu pour vous.

Les rêves de résistance

Il s'agit ici, d'une autre catégorie des rêves qu'on trouve dans les Saintes écritures. Je les appelle rêves de résistance parce qu'ils ont un caractère particulier, en ce sens que Dieu apparait devant un homme pour l'empêcher de faire du mal à un fils du royaume.

La Bible en fait mention aussi bien dans l'ancien que dans le nouveau testament. Lisons Genèse 20 : 3 : *« Alors Dieu apparu en songe à Abimelec pendant la nuit, et lui dit : Voici, tu vas mourir à cause de la femme que tu as enlevée, car elle a un mari »*.

Lorsque le véritable serviteur de Dieu se trouve dans une situation dans laquelle il se sent incapable de se défendre, Dieu peut directement frapper ou avertir ce brigand en songe. Abraham était en position de faiblesse sur une terre étrangère, mais le Dieu qui a dit ne touchez pas à mes oints, a défendu la cause de son serviteur.

Un autre exemple de ce type de songe se trouve dans Genèse 31 : 24, La Bible dit : *« Mais Dieu apparut la nuit en songe à Laban, l'Araméen, et lui dit : Garde toi de parler à Jacob en bien ou en mal ! »*.

Nous allons prendre un dernier exemple de ce type de rêve dans le nouveau testament, lisons pour ce faire, Matthieu 27 :19 : *« Pendant qu'il était assis sur le tribunal, sa femme lui fît dire : qu'il n'y ait rien entre toi et ce juste : Car aujourd'hui j'ai beaucoup souffert en songe, à cause de lui »*. Dans ce récit c'est la femme à Pilate qui s'adresse à son mari, suite à ce qu'elle a vécu la nuit après la première comparution de Jésus devant gouverneur. Dieu voulait que Pilate soit loin de cette affaire, en a averti sa femme.

Par la suite, nous remarquons au verset 24 que celui-ci s'était lavé les mains pour montrer son innocence.

J'ai aussi dans ma famille une personne que le diable a beaucoup utilisé pour vouloir nuire à ma vie, mais un jour Dieu par la prophétie m'avait fait savoir qu'il l'avait déjà averti et que si celui-ci continuerait, Dieu devrait le frapper. Apres cette prophétie, je me suis dit que cet homme avait certainement été averti en songe de la même façon que les cas évoqués ci-dessus. Dieu protège ses enfants, Il est plus fort que nos ennemis.

- **Le songe qui annonce la percée surnaturelle**

Lorsque Dieu fait une chose, le diable apporte toujours son contraire, lorsque nous avons parlé du songe qui annonce la destinée, nous avons aussi parlé de celui qui combat la destinée. Lorsque Dieu nous révèle la percée surnaturelle en songe, le diable apporte la rétrogradation dont nous venons de parle ci-dessus.
Les songes qui annoncent la percée surnaturelle sont ceux dans lesquels nous nous voyons faire des grands exploits qu'on n'avait jamais expérimentés. Vous pouvez vous voir en train de taper des milliers d'ennemi parmi lesquels se trouvent aussi des personnes d'une hauteur extraordinaire ; Vous pouvez trouver devant une grande muraille difficile à percer, mais vous prononcez juste un mot, et elle s'écroule ; Vous pouvez encore vous trouver devant un grand fleuve, alors que vous voulez vous rendre sur l'autre rive. Vous prenez le courage de le traverser à pied, et vous réussissez tout de même. La percée surnaturelle n'est toujours pas liée à l'argent comme on nous l'enseigne, mais plutôt à l'influence dans le monde des esprits, et cela peut arriver aussi à impacter tous les domaines de votre vie.

Les songes qui dévoilent les secrets

Un type de songe réservé à une catégorie des personnes ayant une grâce particulière et jouissant d'une bonne relation avec Dieu. Daniel est un exemple des personnes ayant fait une telle expérience si merveilleuse.

Ce rêve est généralement lié au don de la sagesse, nous le comprenons lorsque nous lisons l'histoire de Daniel ou de Joseph. Dieu peut accorder à une personne la capacité non seulement d'interpréter, mais aussi celle de rappeler à quelqu'un ce qu'il a vu en songe. C'est une dimension que les magiciens ne peuvent atteindre, elle n'est réservée qu'aux fils du Royaume de Dieu. Nous allons lire la parole pour mieux illustrer ce que nous venons d'affirmer, comme nous l'avons dit plus haut que Dieu est notre seule source d'inspiration. Lisons Daniel 2 : 2 ,7 et 11, la Parole de Dieu dit : *« Le roi fit appeler les magiciens, les astrologues, les enchanteurs et les chaldéens, pour qu'ils lui disent ses songes. Ils vinrent, et se présentèrent auprès du roi »*.

Arrêtons-nous d'abord au deuxième verset pour constater le genre des personnes auxquelles le roi a fait recours. Premièrement, on nous parle des magiciens, alors voyons ce que c'est un magicien. Le dictionnaire définit le magicien comme étant une personne qui pratique la magie, qui produit des choses étonnantes et inattendues.

La magie elle-même est définie comme l'art prétendu de produire par certaines pratiques des effets contraires aux lois naturelles. Les magiciens sont réputés dans presque tous les pays du monde, je ne sais pas s'il y a une personne au monde qui n'a jamais entendu parler de la magie. Les magiciens sont les plus réputés des satanistes.
Ils étonnent tellement par leur pratique, qu'ils parviennent à séduire beaucoup des gens. Plusieurs versets de la Bible, parlent notamment de leur capacité de séduire, Actes 8 : 9 nous parle d'un certain Simon le magicien, réputé en Samarie pour ses tours de magie.

Cet homme a pu convaincre toute une ville au point où on assimilait son pouvoir à celui d'un grand dieu. Ce n'est qu'après l'arrivée de Philippe que le peuple a vu la véritable démonstration de la puissance de Dieu. Depuis les époques les plus anciennes, les rois, les présidents et autres gouvernants, se font toujours entourés des magiciens auprès desquels ils supposent tirer de bons conseils. Par contre, en Israël, outre les périodes de déclin spirituel, on faisait recours aux hommes de Dieu. Le roi Nebucadnesar avait donc confiance aux magiciens si bien qu'ils sont classés en tête de la liste de la catégorie des personnes que le roi a consultées. Aujourd'hui encore les magiciens jouissent des grands honneurs d'autant qu'ils se déguisent même en serviteurs de Dieu, ils séduisent en opérant des grands miracles, si bien qu'ils attirent l'attention des gouvernants qui les utilisent à leur tour, pour égarer le peuple de Dieu afin de mieux contrecarrer l'action du véritable christianisme.

Dans l'un de mes prochains livres « l'église et les systèmes religieux », ce sujet va être abordé avec plus de détails. Car les miracles seuls ne constituent pas, la preuve de la présence de Dieu dans une église. Ils ne sont pas aussi la seule preuve d'un ministère authentique. La deuxième catégorie de personnes auxquelles le roi a fait recours, ce sont les astrologues, une autre catégorie des satanistes, d'autant que l'astrologie est strictement interdite par Dieu. L'astrologie est l'art de prédire les événements d'après l'inspection des astres.

Aujourd'hui encore, ces pratiques sont courantes et ont fait irruption dans les quatre murs de l'église.

En troisième lieu, nous avons les enchanteurs. Ceux-ci sont doués des pouvoirs occultes qui leur permettent d'envouter ou d'ensorceler. Ils ont des formules étonnantes et séduisantes. Les enchanteurs sont encore nombreux dans les sociétés modernes, on les utilise généralement pour jeter les mauvais sorts contre des personnes que l'on veut nuire.
Ils utilisent certains animaux dont ils versent le sang pour faire des sacrifices.

Ces animaux représentent généralement les hommes qu'ils veulent nuire, ils sont nombreux en Afrique où la jalousie est devenue une valeur.

Le roi a aussi consulté les chaldéens. Ces gens avaient une place de choix dans la religion babylonienne. Ils étaient originaires de la Chaldée et constituaient la race dominante dans l'empire, et occupaient les postes les plus importants. Ils étaient les seuls à assumer les fonctions de prêtre.

Ils étaient regardés comme des personnes très sages, ils étaient aussi habiles que les magiciens. Que ce soient les magiciens, les astrologues, les enchanteurs ou les chaldéens, tous étaient considérés comme détenteurs de la sagesse.
Nous allons maintenant repartir dans le livre de Daniel et ensuite nous verrons les limites que ces satanistes ont prouvées dans cette affaire, car Dieu seul est la haute sagesse.

Lisons le verset 7 de Daniel 2, la Bible dit : « *Ils répondirent pour la seconde fois : Que le roi dise le songe à ses serviteurs, et nous en donnons l'explication* ». Le roi avait complètement oublié le songe qu'il avait fait la nuit, mais il savait que ce n'était pas un rêve ordinaire, car il en était troublé. La seule façon pour lui de se rappeler de son songe et d'en trouver une bonne interprétation, était de faire recours aux sages qui n'étaient autre que les magiciens, les astrologues, les enchanteurs et les chaldéens.

Mais ceux-ci ont effleuré la mort à cause de leur incapacité de répondre aux attentes du roi, car celui-ci avait décidé de les faire exécuter, certains d'entre eux avaient même déjà trouvé la mort. Lisons enfin le verset onze, pour voir comment ils ont reconnu qu'ils étaient vraiment incapables de donner une solution au roi. Le monde et toutes ses pratiques, ne sont pas à mesure de répondre efficacement à toutes nos attentes, seul Dieu en est capable.

La Bible dit : « *Ce que le roi demande est difficile ; il n'y a personne qui puisse le dire au roi, excepté les dieux dont la demeure n'est pas parmi les hommes* ».

Il a fallu une sagesse encore plus élevée pour trouver la solution en vue d'épargner la vie des pauvres enchanteurs.

Il est triste de mélanger ce qui ne peut donner une solution homogène, c'est pourtant ce qu'avait fait le roi de Babylone en classant Daniel et ses compagnons aussi bien que les magiciens au rang des sages. A cause de cela, il avait aussi fait chercher Daniel et ses amis pour les faire exécuter. La sagesse de Daniel et ses compagnons n'avait pas de limite, car elle avait Dieu pour source, il en est de même pour quiconque ayant reçu un don venant de Dieu. Il est largement supérieur aux occultistes.

Dieu a dit dans Malachie 3 : 18 : « *Et vous verrez de nouveau la différence entre le juste et le méchant, entre celui qui sert Dieu et celui qui ne le sert pas* ». Dieu a fait faire à Daniel ce qui n'est pas possible aux hommes. Lisons les versets 19 et 20 de Daniel 2, nous allons comprendre que notre Dieu est au-dessus de tout. La Bible dit : « *Alors le secret fut révélé à Daniel dans une vision pendant la nuit. Et Daniel bénit le Dieu des cieux. Daniel prit la parole et dit : Bénit soit le nom de Dieu, d'éternité en éternité ! A lui appartiennent la sagesse et la force* ».

C'est vraiment merveilleux d'avoir l'Eternel pour Dieu, Il nous révèle les secrets. Dieu intervient toujours quand ses enfants se trouvent en danger.

A plusieurs reprises, Dieu m'a aussi révélé les secrets en songe, je voudrais juste parler d'un songe bien que j'en ai eu plusieurs de ce type.

Là où je priais avant, il y avait des pasteurs, des anciens et des diacres jouissant d'une bonne considération parmi le peuple. Le quartier dans lequel se trouve l'église est mouvementé.

Les jeunes se retrouvent tous les jours dans un coin pour faire des débats, il y a toutes sortes d'agissements et des dérapages.

Cette église avait aussi des particularités très négatives, Dieu a fini par révéler non seulement à moi, mais aussi à d'autres frères et sœurs que nombreux de ceux qui la dirigent sont dans les sciences occultes et qu'à l'intérieur de l'église se trouve une prison dans laquelle les vies de plusieurs habitants du quartier sont liées en complicités avec les sorciers de ce quartier.

En dehors de cette prison, il y a aussi un trou dans lequel on met tous les enfants qu'on présente le dimanche pour la bénédiction. Ceux qui auront la grâce de lire le livre « l'église et les systèmes religieux », connaitrons les détails de cette histoire et comprendront bien que toute église n'est pas une église.

Je parlerai des logos, des enseignes, des symboles et tout autre signe de la manifestation de la sorcellerie dans une église.

J'ai juste voulu parler de ce songe, mais il y en a plusieurs. Certains endroits de prière, sont réservés aux sorciers, ils ont leur signe si bien que quand nous nous y rendons, il est difficile de le découvrir.

Les rêves d'avertissement

Ils ont pour rôle de contrecarrer le plan de l'ennemi en ce qu'ils avertissent en avance, nous les trouvons aussi dans plusieurs versets de la Bible.
Lisons tout d'abord Matthieu 1 :12, la Bible dit *: « Puis, divinement avertis en songe de ne pas retourner vers Hérode, ils regagnèrent leur pays par un autre chemin ».*

Dans ce passage, on nous parle des mages qui provenaient de l'orient pour venir adorer le Seigneur après qu'ils aient perçu son étoile en orient. Ils sont arrivés à Jérusalem et se sont renseignés.
D'autant que la nouvelle concernant la naissance du Messie avait effrayé Hérode, celui-ci voulait avoir des informations précises à propos, pour tenter si possible, de faire échouer le plan de Dieu.

Dieu en avait averti les mages, en leur révélant les intentions maléfiques du roi Hérode.
Les songes qui avertissent, ont pour rôle de nous faire agir prudemment avant que l'ennemi ne puisse nuire à nos vies. Tous les hommes de prières ont déjà fait une expérience de ce genre, et même certains païens surtout s'ils ont un avenir dans le Seigneur, car notre Dieu est compatissant.

Je louais dans une parcelle, il y a trois ans de cela. Au départ, la relation était bonne avec le propriétaire, mais lorsque j'avais pris l'option de prendre une autre direction dans ma vie chrétienne, tout avait changé.
Mon logeur commençait à avoir de très mauvaises intensions contre mon foyer, nous avions commencé à subir les attaques nocturnes que nous avions d'ailleurs sous-estimées. Pendant que ma femme était enceinte, elle a eu un songe, elle voyait quatre pasteurs   de la communauté que nous venions d'abandonner. Ils étaient en train de casser le mur de notre chambre, et chaque fois qu'ils frappaient leurs marteaux, ma femme ressentait comme si elle recevait un coup au ventre. Nous avions juste prié, alors que Dieu voulait nous quittions cette parcelle pour éviter le danger.

La parole dit : *« Mon peuple périt faute de connaissance »*, ne pensons pas que tout se règle par la prière, il y a des moments où Dieu veut que nous agissions, au lieu crier inutilement.

A huit mois, ma femme a failli faire une fausse couche, mais la grâce de Dieu était toujours là pour nous épargner, une nuit dans un songe, ma femme a vu mon défunt père qu'elle n'a pourtant jamais vu, même dans une photo. Il était venu lui dire ceci : « Pourquoi vous vous entêté de vivre dans une parcelle pleine de menaces? Voulez-vous perdre l'enfant que tu portes ? ».

Ensuite, il a saisi ma femme par la main pour la sortir de force, en disant : « Si ton mari veut rester, laisse-le mourir seul, mais toi sauve-toi avec l'enfant ». Dès qu'elle m'a raconté ce songe, je suis allé chercher une maison et j'en ai trouvé par la grâce de Dieu, nous avons déménagé au plus vite.

La présence de mon feu père dans le songe, signifiait la présence d'un esprit de mort, beaucoup des chrétiens locataires habitent des maisons hantées et en ont été avertis, mais ils préfèrent y rester en faisant juste recours à la prière. Cet agissement n'est pas du tout bien.
C'est différent de lorsqu'on achète une parcelle ayant subi des envoutements dans le passé.

Cette dernière étant devenue notre propriété, on y foulant les pieds, nous en prenons possession. Ne vous entêtez pas de vivre des guerres qui ne prendront fin que le jour où vous quitterez la parcelle d'autrui, car vous feriez mieux de prier pour vos problèmes que d'avoir un combat récurrent qu'on pouvait éviter, je sais pourquoi je le dis, l'homme prudent voit le mal et l'évite ; par contre le simple en subit.

Après la naissance de Jésus, Dieu avait vu la mauvaise intention d'Hérode à vouloir faire tuer tous les enfants de deux ans et au-dessous, il en avait averti Joseph en songe.

Et pourtant il s'agissait de Jésus, mais Dieu avait ordonné qu'on le fît fuir. Lisons le récit dans Matthieu 2 :13, il est dit : « *Lorsque les mages furent partis, voici, un ange du Seigneur apparu en songe à Joseph, et dit : « Lève-toi, prends le petit enfant et sa mère, fuis en Egypte, et restes y jusqu'à ce que je te parle ; car Hérode cherchera à le faire périr* ».

Joseph n'a pas résisté, mais bien au contraire, il a exécuté spontanément l'instruction qu'il avait reçue, il n'a pas jeûné pour chasser l'esprit d'Hérode comme le feraient les combattants spirituels de l'église d'aujourd'hui, qui chassent tout sur leur passage.

Aujourd'hui, les vrais chrétiens sont en train de recevoir des avertissements concernant la situation spirituelle du pays et les conséquences désastreuses qui pourraient en découler, par contre d'autres se préoccupent simplement à chasser les démons de visa, de célibat, de chômage, de coutume…

Notons que nous pouvons éviter l'accomplissement de ce genre de rêve, par la prière ou encore en agissant quand c'est possible.

Les rêves d'orientation

Entre les rêves d'orientation et les rêves d'avertissement, il n'y a pas un grand écart, la différence est que dans les rêves d'avertissement nous ne sommes au préalable, confrontés à aucune situation embarrassante qui nous laisse devant plusieurs interrogations. Les rêves d'orientation viennent en réponse à nos questions, ou encore, ils nous empêchent de prendre une mauvaise décision.

Joseph avait une fiancée et celle-ci était encore vierge, à la grande surprise, Marie sa fiancée se trouve enceinte, ce qui serait d'ailleurs dramatique pour n'importe qui. Pour éviter la honte, il avait résolu de rompre secrètement avec cette relation, Dieu trouvant que cette décision étant contraire à son plan pour ce couple, envoya son ange auprès de Joseph en songe pour lui donner une bonne orientation.

Lisons Matthieu 1 :20, il est ainsi dit : « *Comme il y pensait, voici, un ange du Seigneur lui apparut en songe, et dit : Joseph, fils de David, ne crains pas de prendre avec toi Marie, ta femme, car l'enfant qu'elle a conçu vient du Saint Esprit* ».

Remarquons que par la suite, ce songe avait complètement changé la décision de Joseph qui prit Marie pour femme. Il arrive des moments comme ça dans la vie de toute personne, on se demande ce qu'il faut faire et parfois on est plus proche de la mauvaise décision que de la bonne. Alors, posons la question à Dieu, car Il est capable de nous donner des réponses précises, c'est ce qu'il a d'ailleurs promis dans Jérémie 33 :3

J'ai été confronté à une situation dans laquelle je devrais prendre une bonne décision pour la suite de ma vie. Le sujet était tellement sensible que je me réservais d'agir seul. Il s'agit du moment où je devrais choisir la personne avec qui je devrais passer le reste de ma vie. Je ne savais pas qu'il s'agissait d'une tache aussi délicate, car je me disais qu'il serait juste question de prendre une femme zélée dans la prière avec qui on devrait construire un foyer de chrétiens engagés.

Souvenez-vous qu'au début j'ai parlé d'une chronique d'un amour illusoire pour montrer qu'avant d'arriver à Justania, il y a eu un temps d'errance et cela a duré plus de deux ans.

Beaucoup des faces des sœurs traversaient successivement ma pensé, au point où j'avais acheté les premiers articles de la dot sans pourtant savoir avec qui je devrais me marier. J'en étais tellement fatigué qu'un jour j'avais fini par parler à une sœur pour qu'on pria afin d'en recevoir des instructions précises de la part du Seigneur. Pendant que je me disais que j'avais déjà fini avec cette affaire et qu'il fut désormais question de demander simplement la liste des articles à prévoir pour la dot, Dieu n'avait pas encore dit son dernier mot.

Il m'a parlé successivement dans deux songes, dans le premier, j'avais reçu un ami qui revenait de dolisie, il me parla en ces termes : « *Brice ! On m'a appris que tu as trouvé enfin une fiancée, mais je voudrais que tu me la montre* ». Pendant que je partais lui montrer la sœur Do, cette dernière s'était transformée en serpent et se précipitait pour me mordre.

Je me suis réveillé en catastrophe avec de forts battements de cœur comme si je m'étais échappé d'un grand danger et j'ai prié. J'ai expliqué le songe à certains frères et sœurs sans pour autant révéler de qui il s'agissait. Certains d'entre eux m'ont dit qu'il pouvait aussi s'agir du diable qui voulait juste me tromper pour me retenir dans le célibat, d'autres par contre m'ont dit que c'est Dieu qui voulait m'éloigner de ce chemin infernal.

Mais quand je voyais la sœur, elle paressait être zélée pour le Seigneur, sur quoi j'avais encore observé pendant plus de cinq mois en demandant la confirmation à Dieu, malheureusement je n'avais pas trouvé de réponse.

Pendant que je voulais encore accélérer les choses, le Seigneur m'a répondu dans un autre songe. Dans ma couche, j'ai vu la sœur Do habillée en raphia, elle avait des décorations traditionnelles partout son corps. Elle avait une couronne et était entourée de nombreux petits enfants au son du tam-tam, elle dansait et recevait des acclamations.

A mon réveil, j'avais discerné que c'était un très mauvais chemin, j'avais automatiquement coupé toute communication. Je me retrouve jusqu'en 2009 sans connaitre ma future épouse, bien qu'elle fut déjà entrée dans la liste des trois sœurs que j'observais de loin.

Il fallait maintenant s'en prendre au lien de célibat parce que je ne m'imaginais pas gérer un suspens pendant plus de trois ans. Mais une nuit, après ma prière de zéro heure, j'avais tellement supplié le Seigneur, qu'il a fini par me parler clairement en songe. Dans la vision, je m'étais retrouvé chez la sœur Justania qui est mon épouse aujourd'hui, alors qu'elle était assise avec ses parents. Je suis rentré dans la maison et j'avais entre mes mains la lettre de demande de fiançailles, ses parents furent d'accord. Mais sa maman s'inquiétait un peu de ma situation financière, parce que dans le songe je paraissais comme une personne sans emploi, alors que je travaillais encore. Nous avons tout de même trouvé un terrain d'entente, car je leur avais rassuré que Dieu avait réservé de très grandes choses pour nous. Dieu est vraiment merveilleux, dans ce songe il m'avait déjà révélé que je n'allais plus continuer à travailler là où j'étais et que ma démission allait être suivie d'une période de vaches maigres.

Les songes d'encouragement

C'est un autre type de songe d'origine divine qui intervient pendant que le découragement semble nous gagner à cause d'une situation qui nous empêche de penser à un avenir meilleur. Lorsque tout va mal, il est très difficile d'être fort, on pense que les autres sont mieux, et que plus rien ne marchera.

Jacob était en train de fuir loin de la colère de son frère Esaü, les réponses à ses interrogations étaient négatives et il ne savait non plus s'il allait réaliser un bon voyage. Il pouvait aussi se poser la question sur la qualité de l'accueil qui l'attendait chez son oncle Laban et s'il serait à mesure d'y trouver une bonne conjointe. La relation avec son frère était désormais brisée, il se retrouve loin de son père et surtout de sa mère qui aimait tant le chérir. C'était le début d'une nouvelle vie, sans personne pour appui. Face à toutes ces interrogations, il lui a fallu une consolation. C'est ce que fit l'Eternel pour le fortifier dans Genèse 28 : 12 à 15.
La Bible dit : *« Il eut un songe. Voici, une échelle était appuyée sur la terre, et son sommet touchait au ciel. Et voici, les anges de Dieu montaient et descendaient par cette échelle. Et voici l'Eternel se tenait au-dessus d'elle ;*
Et Il dit : Je suis le Dieu d'Abraham, ton père, et le Dieu d'Isaac.
La terre sur laquelle tu es couché, je la donnerai à toi et à ta postérité.
Ta postérité sera comme la poussière de la terre ; tu t'étendras à l'Orient et à l'Occident, au Septentrion et au Midi ;
Et toutes les familles de la terre seront bénies en ta postérité.
Voici, Je suis avec toi, Je te garderai partout où tu iras,
Et Je te ramènerai dans ce pays ; Car Je ne t'abandonnerai point, que Je n'ai exécuté ce que je te dis ».

Si vous pouvez lire les versets qui viennent après, vous verrez bien que ce songe a été d'un encouragement pour Joseph, car il est aussi prophétique. De nombreux serviteurs de Dieu de notre époque aussi font ce genre d'expérience, je voudrais parler aussi d'un songe de ce genre que j'ai eu à faire en 2004 alors qu'il n'y avait que ténèbres tout autour de moi. J'étais chassé de chez mon oncle, je venais d'avoir ma maîtrise, mais je n'avais pas d'emploi. Du coup, louer une maison m'était une option impossible. Je ne savais où aller, un ami qui est aussi un frère dans le Seigneur, s'était proposé de me loger.

Le problème est que nous avions la même galère, aller à pointe noire chez un frère ou une sœur, était la plus grande humiliation. C'était l'une des étapes les plus sombres de ma vie, j'étais devenu pensif et les larmes étaient toujours au rendez-vous. Une nuit pendant que je dormais tout décontenancé, je me suis retrouvé en train d'être porté par les gens que je ne voyais, mais je vis l'un des frères de l'église où j'étais qui trouvait derrière nous.

Le frère était habillé en veste pendant qu'on me portait, on est allé me déposer sur une montagne. Je vis ensuite un vieillard qui venait pour m'empêcher de passer, il sorti son arme pour tirer sur moi, mais elle n'avait plus des balles. Il voulut ensuite négocier avec moi, mais je lui avais demandé d'enlever toutes les barrières qu'il avait mises devant moi. Après cela, une voix s'adressa à moi en ces termes : « *Ta bénédiction sera très grande, souviens-toi de ton père Abraham* ». Je me suis aussitôt réveillé et j'avais commencé à réaliser que Dieu était en train de contrôler la situation. Bien que la solution immédiate n'était pas encore trouvée, mais l'avenir était rassuré. J'ai déjà reçu beaucoup de songes d'encouragement concernant le ministère, la famille, le pays…Mais il n'est pas possible de les mentionnés tous.

Songes annonçant le sort d'un homme

Ce genre de songe annonce un sort imminent et inévitable d'un individu ou de tout un peuple. Dans la Bible, nous le trouvons dans le livre de Genèse, à notre époque beaucoup de gens aussi font cette expérience. Lisons Genèse 40 :8-13 pour illustrer ce que nous venons de dire plus haut, il est ainsi dit : « *Pendant une même nuit, l'échanson et le panetier du roi d'Egypte, qui étaient enfermés en prison, eurent tous deux un songe, chacun le sien, pouvant recevoir une explication distincte.*
Joseph étant venu le matin vers eux, les regarda ; voici, ils étaient tristes. Alors il questionna les officiers de pharaon, qui étaient avec lui dans la prison de son maître, et il leur dit : Pourquoi avez-vous mauvais visage aujourd'hui ?
Ils lui répondirent : Nous avons eu un songe et il n'y a personne pour l'expliquer.
Joseph leur dit : N'est-ce pas à Dieu qu'appartiennent les explications ? Racontez-moi donc votre songe. Le chef des échansons raconta son songe à Joseph, et lui dit : Dans mon songe, voici, il y avait un cep devant moi. Ce cep avait trois sarments. Quand il eut poussé, sa fleur se développa et ses grappes donnèrent des raisins mûrs. La coupe de pharaon était dans ma main. Je pris les raisins, je les pressai dans la coupe de pharaon, et je mis la coupe dans la main de pharaon.
Joseph lui dit : En voici l'explication. Les trois sarments sont trois jours. Encore trois jours, et pharaon relèvera ta tête et te rétablira dans ta charge ; tu mettras

la coupe dans la main de pharaon, comme tu en avais l'habitude lorsque tu étais son échanson ».

Le sens et l'explication de ce songe montrent que son accomplissement ne dépend pas d'une prière ou d'un jeûne quelconque, mais il s'agit d'un sort inévitable préétabli dans les lieux célestes. S'il existe des situations devant lesquelles nous devons décider, dans d'autres par contre, nous ne faisons que subir. Si l'explication était bonne pour l'échanson, par contre pour le panetier, elle annonça une triste fin.

Aucun des deux n'avait le pouvoir de changer quoi que ce soit, il en est de même encore pour plusieurs aujourd'hui.

Je me souviens d'un songe que j'avais fait avant la mort de mon père, j'en étais pourtant triste, mais je ne pouvais rien changer, car sa vie était arrivée à son terme.

Songes chronologiques

Ce type de songe revêt un aspect très particulier, en ce que non seulement, il annonce une promesse de Dieu, mais surtout il présente tous les détails et les temps de l'accomplissement.

Dieu parle à son serviteur, en montrant tout ce qui arrivera dans la suite des temps, nous le voyons avec Abraham. Il lui a présenté l'avenir de sa descendance en fixant même le temps qu'Israël devrait passer en Egypte. Lisons Genèse 15 :12-13, la Bible dit : « *Au coucher du soleil, un profond sommeil tomba sur Abraham ; et voici, une frayeur et grande obscurité vinrent l'assaillirent.*
Et l'Eternel dit à Abraham : Sache que tes descendants seront étrangers dans un pays qui ne sera point à eux ; ils y seront asservis, et on les opprimera pendant quatre cent ans.
Mais je jugerai la nation à laquelle ils seront asservis, et ils sortiront ensuite avec de grandes richesses.
Toi, tu iras en paix vers tes pères, tu seras enterré après une heureuse vieillesse.
A la quatrième génération, ils reviendront ici ; car l'iniquité des Amoréens n'est pas encore à son comble ».

Pendant qu'Abraham reçoit cette promesse, il n'a même pas encore eu son fils Isaac, mais Dieu lui annonce déjà ce qu'Il avait prévu. Ce plan concernait deux peuples, Israël et les Amoréens.

Israël n'était pas encore né, mais il y avait déjà un plan pour lui. Etre asservi, n'est pas une bonne chose, et pourtant Dieu l'a prévu pour l'accomplissement de son plan concernant son amour pour Abraham et sa descendance.

Les Amoréens quant à eux ne savaient pas qu'un jugement lointain les attendait, ils persévéraient dans le mal, tout cela était inclus dans le plan de Dieu.

Je connais un frère qui partageait avec moi la même chambre pendant que j'étais à l'université. Il était aussi le berger de la communauté où j'étais à l'époque, ce frère m'avait fait part d'un songe qu'il avait fait en 2001. Ce songe comporte les différentes étapes de la réalisation du plan de Dieu dans sa vie. Pendant que ce frère traversait les moments difficiles, Dieu lui avait montré comment il devrait former une famille, il a aussi vu son élévation et surtout sa fin et son accès dans la gloire éternelle de notre Dieu.

Après plus de onze ans, il semble que ce frère se trouve exactement sur ce chemin que Dieu lui a montré. Dieu l'a élevé, il a une bonne famille et sert le Seigneur avec zèle et sincérité. Dieu lui avait donné aussi certaines dates pour la réalisation de certains événements, je n'avais pas écrit ce songe parce qu'à cette époque je ne savais même pas que j'allais servir le Seigneur dans un ministère, surtout personne ne pouvait me dire que j'allais commencer à interpréter les songer et à écrire les livres chrétiens.

Songes requête et réponse

Dans ce type de songe, il s'agit d'un dialogue entre une personne qui exprime une doléance et son Dieu qui l'exauce. Comment un homme peut-il dialoguer avec Dieu pendant qu'il est dans son sommeil ?

Bien que nos sens soient inactifs pendant notre couche, mais l'esprit est toujours en mouvement, or Dieu est Esprit, nous ne pouvons dialoguer avec lui qu'en esprit. Bien de gens attribuent à Salomon le succès d'avoir fait une demande qui a plu à Dieu, ils ignorent cependant que ce ne fut pas sa bouche charnelle qui était en action, on pouvait plutôt apprécier Salomon du fait qu'il avait une bonne relation avec Dieu.

Lorsque notre esprit est connecté à Dieu, l'Esprit de Dieu qui sonde la pensée de Dieu et qui connaît nos besoins réels, peut nous donner d'adresser de bonnes prières au Seigneur et cela ne dépendra pas de notre moi. Lorsque cependant, la relation avec Dieu n'est pas bonne, nous ne pouvons dans nos songes, exprimer des besoins aussi merveilleux comme l'avait fait Salomon.

Nous l'avons dit plus haut que le spirituel influence le monde physique, si Salomon ne connaissait pas Dieu ou qu'il entretenait une mauvaise relation avec Lui, c'est sûr qu'il ne lui adresserait pas une telle demande. L'homme charnel, exprime les désirs charnels, ceux-ci font la guerre à l'âme, par contre l'homme spirituel privilégie le côté spirituel au détriment de la chair. Ce principe nous suit dans nos rêves et influence notre vie, nous avons cité plus haut certains personnages bibliques comme Abimelec, Laban ou Pharaon à qui Dieu avait adressé des sévères avertissements compte tenu de leurs positions vis-à-vis de ses serviteurs Abraham ou Jacob. Ces hommes, charnellement étaient en opposition avec les patriarches et du coup, ils étaient ennemis de Dieu et cela s'est manifesté dans leurs songes à la différence de Salomon.

Salomon a fait cette expérience merveilleuse dans 1Rois 3 :5-14 lorsqu'il demanda à Dieu de lui accorder la sagesse, lisons ce que dit la bible à propos : *« A Gabaon l'Eternel apparut en songe à Salomon pendant la nuit, et Dieu lui dit : Demande moi ce que tu veux que je te donne. Salomon lui répondit : Tu as a traité avec une grande bienveillance ton serviteur David, mon père, parce qu'il marchait en ta présence dans la fidélité, dans la justice, et dans la droiture de cœur envers toi ; tu lui as conservé cette grande bienveillance, et tu lui as donné un fils qui est assis sur son trône, comme on le voit aujourd'hui. Maintenant, Eternel mon Dieu, tu as fait régner ton serviteur à la place de David, mon père ; et moi je ne suis qu'un jeune homme, je n'ai point d'expérience. Ton serviteur est au milieu du peuple que tu as choisi, peuple immense, qui ne peut être ni compté ni nombré, à cause de sa multitude. Accorde donc à ton serviteur un cœur intelligent pour juger ton peuple, pour discerner le bien du mal ! Car qui pourrait juger ton peuple, ce peuple si nombreux ? Cette demande de Salomon plut au Seigneur. Et Dieu lui dit : Puisque c'est là ce que tu demandes, puisque tu ne demandes pour toi ni une longue vie, ni les richesses, ni la mort de tes ennemis, et que tu demandes de l'intelligence pour exercer la justice, voici, j'agirai selon ta parole. Je te donnerai un cœur sage et intelligent, de telle sorte qu'il n'y aura eu personne avant toi et qu'on ne verra jamais personne de semblable à toi. Je te donnerai, en outre, ce que tu n'as pas demandé, des richesses et de la gloire, de telle sorte qu'il n'y aura pendant toute ta vie aucun roi qui soit ton pareil. Et si tu marches dans mes voies, en observant mes lois et mes commandements, comme l'a fait David, ton père, je prolongerai tes jours».*

C'est une très merveilleuse expérience qu'a fait Salomon, nombreux de nos contemporains ont aussi fait ce type de songe, bien que la demande ne soit pas totalement comme celle de Salomon.

Une sœur m'a raconté un songe de ce genre, alors qu'elle était en proie aux soucis, une nuit elle s'est vu en train de poser la question à Dieu pour connaître la raison de ses souffrances, elle voulait aussi savoir à quel moment Dieu devrait accomplir la promesse qu'il lui avait faite. La sœur m'a dit que Dieu lui avait aussitôt répondu, et à son réveil, elle était très contente. A plusieurs reprises j'ai aussi moi-même expérimenté cela. Il est possible de dialoguer avec Dieu dans un songe, Il peut nous poser une question ou ça peut aussi être le contraire.

Rêves annonçant un ordre divin

Ce type de songe revêt un aspect aussi particulier que les autres, il s'agit d'un ordre que l'on reçoit de la part du Seigneur, Celui-ci nous oblige à l'exécuter promptement sans aucune négociation.

Un ordre est toujours à l'impératif, généralement, c'est toujours un supérieur qui donne l'ordre à un inferieur. Dieu étant largement supérieur à nous, nous recevons de lui les ordres.

Mais le contraire est pratiquement impossible, même si l'église moderne semble nous le faire croire de par ses prières qu'elle appelle « prières d'autorité ». Dans la prière, l'homme s'adresse à son Dieu en espérant obtenir de celui-ci une réponse favorable. Dieu n'espère rien de nous, Il ne dépond pas de nous, Nous lui devons respect et obéissance.

Il est pratiquement impossible qu'il nous exauce si nous lui donnons des ordres, nous pouvons cependant prendre autorité sur un démon sans faire une prière. Nous ne prions pas les démons, mais nous prenons autorité sur eux parce que nous leur sommes supérieurs par l'autorité que le Seigneur nous a donnés.

C'était juste une parenthèse sur la prière, je vais en parler longuement dans mon prochain livre « l'église et les systèmes religieux ».

Revenons sur les songes annonçant un ordre divin, nous pouvons en trouver aussi un exemple dans les Saintes écritures, notamment dans Actes 9 :11, il est ainsi écrit :

« Et le Seigneur lui dit : Lève-toi, va dans la rue qu'on appelle la droite, et cherche, dans la maison de Judas, un nommé Saul de Tarse. Car il prie, et il a vu en vision un homme du nom d'Ananias, qui entrait, et qui lui imposait les mains afin qu'il recouvrât la vue ».
Dieu ne nous donne pas seulement des ordres par les Saintes écritures comme s'il s'agissait de quelqu'un qui était parti pour un long voyage, et nous a juste laissé quelques instructions écrites ou verbales en guise de testament.

Plus haut nous avons dit que lorsqu'Aaron et Myriam contestaient l'autorité de Moise, l'Eternel leur a dit clairement que quand il y aurait un prophète parmi eux, c'est dans un songe ou dans une vision qu'il lui parlerait.

Dieu nous donne aussi des ordres à travers les songes. Lorsqu'il vous demandera d'implanter une église locale à Brazzaville, ce n'est pas le testament qu'Il utilisera d'autant que le nom Brazzaville n'existe pas dans la Bible. Mais Il vous parlera plutôt clairement, soit par une vision ou un songe, soit par une personne interposée. Mais je pense que pour une mission de ce genre, le Seigneur vous parlera à vous-même pour que vous en soyez plus sûr.

Dans le passage que nous venons de lire concernant Ananias, je pense que si le message lui avait été adressé par quelqu'un d'autre, il n'aurait certainement pas cru, ce qui nous le prouve c'est le fait que malgré que Dieu lui avait parlé directement, il s'est plutôt attardé sur le fait que Paul persécutait les croyants, mais Dieu lui a confirmé qu'Il devrait bien se servir de Paul comme un instrument pour atteindre les nations.

C'est par un songe que j'ai reçu l'ordre de quitter le système religieux où j'étais autrefois, alors que personne ne s'attendait à une telle décision de ma part. De nombreux frères ne sachant pas ce que j'avais reçu comme instruction, ont voulu joué sur les relations humaines pour me faire revenir en arrière, mais il m'était pratiquement impossible de reculer.

Tout chrétien reçoit des ordres de la part du Seigneur, malheureusement, ce n'est que rarement que nous nous en rendons compte. Les enfants d'Israël étaient très sensibles aux songes, ils y répondaient directement lorsqu'ils savaient que c'était un ordre divin. J'étais dans une communauté où on ne croit ni aux songes ni aux prophéties, ce système religieux exclut tout ce qu'on appelle don, ils sont nombreux, ceux qui valorisent leurs textes règlementaires au détriment de la parole de Dieu.

Rêves annonçant la justice de Dieu

« *Le malheur atteint souvent le juste, mais l'Eternel l'en délivre toujours* ». Ce verset nous rassure que quelque soit ce que les hommes pourront nous faire subir, notre Dieu aura toujours un dernier mot à dire, c'est alors que se lève l'aurore.

Jacob vivait l'injustice chez son oncle Laban, en dépit du fait qu'il était un grand travailleur, il a été dupé à plusieurs reprises. Ce n'était pas de sa volonté de passer tant d'années chez son oncle, mais étant en position de faiblesse, il ne pouvait rien faire.

Jacob avait éprouvé un profond sentiment d'amour pour Rachel, il voulait donc la prendre pour femme, en le faisant savoir à son oncle, et les conditions lui ont été données.
Il a travaillé durement pendant sept ans, mais au bout du compte, on lui a donné Léa pour qui il n'avait éprouvé aucun sentiment d'amour. La déception était tellement grande pour Jacob, qu'il était obligé de travailler encore pendant sept. Sans le vouloir, il est devenu polygame, et ce n'est pas tout, au verset 7 de Genèse 31, Jacob dit à ses femmes que Laban avait changé dix fois son salaire. Cette injustice avait fort déplu à Dieu qui est le soleil de justice.

Lisons Genèse 31 :10 et suite pour voir comment Dieu a annoncé sa justice au travers d'un songe dont l'accomplissement était aussi imminent. La Bible dit :
« Et l'ange de l'Eternel me dit en songe : Jacob ! Je répondis : Me voici ! Il dit : Lève les yeux et regarde ; Tous les boucs qui couvrent les brebis sont rayés, tachetés et marquetés ; car j'ai vu tout ce que te fait Laban. Je suis le Dieu de Bethel où tu as oint un monument, où tu m'as fait un vœu. Maintenant, lève-toi, sors de ce pays, et retourne au pays de ta naissance ».

Dieu intervient toujours en faveur de ses enfants, même lorsque nous avons affaire à des personnes plus rusées, Il sait comment déjouer leur ruse. Laban ne redoutait de rien au sujet de Jacob, il était sûr que la manipulation allait durer encore longtemps. Mais Dieu sait donner des réponses aux Laban de nos vies, Il parle à ses enfants en leur disant ce qu'il faut faire pour débloquer la situation.

Dieu a pris le troupeau de Laban et l'a donné à Jacob parce qu'il avait souffert pour le multiplier.
Dans pareille circonstance, nous sommes parfois pressés de réagir par notre force, mais Jacob a attendu le temps de Dieu. J'ai déjà fait une expérience de ce genre, il fut un moment où quelqu'un a voulu mettre la main sur moi en voulant me sacrifier. C'était juste après ma licence en 2003, quelqu'un m'avait promis un emploi, et il m'a demandé d'aller habiter chez lui.

Cette personne jouissait d'une considération devant les hommes, il avait des relations susceptibles de trouver un emploi à quelqu'un. Mais le but pour lequel il m'avait fait appel chez lui était tout autre.

La première nuit, j'ai vu en songe un crapaud dans mon lit, et ce n'était pas un bon signe. J'ai encore vu d'autres choses plus horribles.

Un jour, il avait fait venir chez lui un prêtre pour un soit disant « culte familial » qui devrait se passer à zéro heure, ce prêtre charlatan avait apporté des bougies de toutes les couleurs, du sel et du parfum.

J'ai refusé de prendre part à ce fameux culte par lequel on devrait certainement me sacrifier. Le lendemain, les humeurs avaient changé et j'étais obligé de quitter le lieu. Le fait que j'avais découvert les secrets de cette maison, était devenu pour eux un problème gênant qu'il fallait régler au plus vite, j'ai été poursuivi par ses esprits pendant un certain temps, car cet homme voulait que je meure.

Dieu m'avait révélé ma victoire et sa justice dans un songe, quelques temps après, cet homme est mort de son endurcissement. La justice de Dieu intervient toujours en faveur de ses enfants.
Beaucoup des songes annonçant la justice de Dieu concernant ce pays, sont en voie de s'accomplir et nous savons que Dieu ne ment point.

Les songes du redressement

Ce genre de songe intervient pour redresser l'homme et le repositionner sur le droit chemin, ils ne sont pas loin des songes d'avertissements. Si les songes d'avertissement servent à déjouer les plans de nos adversaires en nous avertissant au sujet de leurs complots, les songes du redressement interviennent lorsque nous abandonnons la voie du Seigneur.

Etant donné qu'il nous aime, Il nous détourne des mauvaises voies en nous parlant en songe. Nous trouvons ce type de songe dans Job 33 :15-17, mais nous allons nous attarder au verset 17.

La Bible dit : « *Afin de détourner l'homme du mal et de le préserver de l'orgueil, afin de garantir son âme de la fosse et sa vie des coups du glaive* ». Dieu nous parle de plusieurs manières, ce passage fait mention de deux types de songe, étant donné que plus haut, nous avons déjà parlé des songes d'avertissement, nous nous sommes simplement intéressés au verset du 17 qui parle du redressement.

Il eu un moment où j'étais souvent avec quelqu'un que j'étais en train de considérer comme un bon partenaire dans le ministère, je suis allé prêcher dans l'assemblée qu'il dirige et la relation était en train de se fortifier. Dieu m'a parlé à deux reprises pour briser cette relation, j'étais en voie de me perdre, gloire soit rendue à Dieu, car je n'ai pas tardé de me retirer de lui. Nous devons faire très attention sur le choix de nos partenaires dans le ministère, nous avons aujourd'hui trois types de serviteur dans l'église. Le premier est celui des hommes qui servent Dieu par conviction, ils ressentent un profond désir qui brûle en eux.

Le second est celui des personnes qui le deviennent pour des intentions purement matérielles, elles en font un business, étant donné que Dieu n'y est pas, elles s'achètent la puissance du diable pour séduire. Enfin le troisième est celui des personnes que Dieu consacre depuis le sein maternel, nous y reviendrons longuement dans l'église et les systèmes religieux.

Les songes historiques

Ce genre de songe révèle l'histoire d'un peuple, d'une famille, d'une nation…Nous vivons beaucoup des choses qui ne sont que les conséquences des agissements de nos pères. Je n'ai pas connu mes arrières grands parents, et pourtant un jour lorsque j'étais en train de briser les liens de coutume qui exerçaient leurs influences sur moi, Dieu m'a montré en songe un vieillard en culotte avec une corde attaché à son pied droit.

C'est de lui que nous avons hérité le nom « MABIALA », à partir de ce moment je savais que certains de nos maux, avaient pour origine cet homme. Ce n'est pas par un livre que Moise a eu la révélation de l'histoire de l'humanité, Dieu lui a aussi montré que c'était dans son plan que le peuple d'Israël fut assujetti aux égyptiens, car il l'avait déjà dit à Abraham plus de quatre cents ans avant. Moise a retracé l'histoire de l'humanité tout entière, on pouvait supposer qu'il était témoin de ces choses, mais Dieu nous fait connaître des choses qui dépassent notre entendement.

Il dit : *« Invoque-moi et je te répondrai, je t'annoncerai des grandes choses, les choses cachées que tu ne connais pas ».*

Dieu promet de nous révéler les grandes choses, les choses cachées. Et pourtant dans Deutéronome Il a dit que les choses cachées sont à Dieu et les choses révélées sont à l'homme. Mais lorsque nous lui faisons confiance et que nous l'invoquons sincèrement, Il nous donne d'avoir accès aux choses cachées, voilà pourquoi son amour pour Abraham lui a poussé de ne pas lui cacher sa décision au sujet de Sodome et Gomorrhe.

Dieu n'à point changé, en début de l'année 2012, nous étions en train de connaître des temps sombres, nous avons consulté le Seigneur comme l'avait fait David dans 2 Samuel 21 :1 et suite.

Israël était en train de traverser des moments très difficiles caractérisés par une famine sans précédent. Le roi avait pris la résolution de consulter l'Eternel pour en connaître la cause. Nous devons faire autant lorsque les choses ne vont pas bon train, car nous ne sommes pas appelés à la médiocrité. Dieu lui a montré ce qui s'était passé du temps de Saul, celui-ci avait fait tuer les gabaonites et Israël était en train d'en payer le prix. Et pourtant Saul était déjà mort, mais son péché était toujours d'actualité, il en est de même pour beaucoup des gens qui souffrent sans raison apparente. Pendant que nous traversions ces moments sombres, nous avons fait recours à la prière, ma femme a eu des visions étonnantes concernant ma famille. Dieu lui a montré les choses avec exactitude. J'étais conscient de certaines choses qui s'étaient produites pendant mon enfance, mais je ne m'en souvenais plus. Je n'avais jamais parlé de ces mauvais souvenirs à ma femme, ils étaient une honte pour moi, et pourtant j'en subissais les graves conséquences.

Quand ma femme a commencé à me parler des causes du divorce de mes parents, de la coqueluche dont souffert pendant plus d'une année, alors que je n'avais que cinq ans, du gorille que ma mère avait vu un jour dans la maison, les prisons occultes et cérémonies qui s'étaient faites dans ma famille maternelle…Et autres événements ahurissants qu'ont connu sa famille, j'étais réellement convaincu que Dieu était en train de nous montrer le chemin de la délivrance.

Les rêves historiques sont d'une grande importance, ils nous permettent de nous repentir des péchés familiaux qui lient les générations. Ne vous empêchez pas de poser des questions à Dieu lorsque les choses vont mal dans la famille, n'acceptez pas volontiers, une destinée médiocre. Ces songes nous permettent aussi de changer notre façon de prier, car nous connaissons déjà le problème, nous brisons les liens et accédons ainsi à notre délivrance.

Les songes liés à l'environnement

Ce type de songe nous révèle non pas notre état spirituel, mais plutôt celui de l'endroit où nous nous trouvons, ça peut être le quartier, le lieu de travail, la maison que nous habitons…

Nous sommes tous d'accord qu'il y a des maisons hantées, des quartiers envoutés, des bureaux pollués par l'occultisme…Mais il y a aussi des endroits bénis tels que la maison d'un homme de Dieu ou encore un lieu où l'on invoque le nom de Jésus. Si le songe de Jacob dans Genèse 28 :12-17 a été classé dans la liste des songes d'encouragement, il n'en demeure pas moins de dire qu'il revêt aussi un aspect environnemental, car il s'agissait aussi du lieu dans lequel il se trouvait.

Revenons donc sur ce songe pour mieux ressortir son aspect lié à l'environnement. Lisons ce que la Bible dit à propos au verset 13 du chapitre 28 de Genèse : « *Et voici l'Eternel se tenait au dessus d'elle ; et dit : Je suis l'Eternel le Dieu ton père, Abraham, et le Dieu d'Isaac. La terre sur laquelle tu es couché, je la donnerai à toi et à ta postérité.*

Il s'agissait ici d'un endroit physique, Dieu avait choisi cette portion de terre pour la donner à la descendance d'Abraham. Lorsque Jacob s'éveilla de son sommeil, il reconnu que Dieu était à ce lieu. Il y a des endroits bénis, il y a aussi des endroits hantés. Vous ne pouvez pas savoir pourquoi dans votre quartier il y a tant de voleurs ou des prostituées. Lorsque j'ai quitté un quartier, je suis allé habiter dans un autre, curieusement les murs de la maison et l'aspect de la parcelle traduisaient
La présence de quelque chose qu'on ne maîtrisait pas, on savait que quelque chose n'allait pas bon train, mais on ne savait pas c'était quoi exactement. On avait du mal à prier pendant longtemps car il y avait une forte opposition. Une nuit, dans un songe, mon épouse a eu la révélation qu'une femme y habitait mystiquement. Quelques jours après, j'y ai vu un squelette en songe. Mais un jour Dieu a décidé de nous révéler toutes les cérémonies occultes qui s'y étaient faites, comment le cabri avait été égorgé…ni le propriétaire, ni ses enfants ne voulaient habiter cette maison, d'ailleurs notre prédécesseur qui est pasteur branhamiste est parti de là en catastrophe.
Nous avons tout de même pu déloger ces forces spirituelles, et le propriétaire est venu nous donner un préavis.

Les songes épouvantables

Ils sont l'œuvre de Dieu lui-même qui éprouve ses serviteurs, pour voir jusqu'à quel point ils sont attaché à lui. Ce genre de songes est souvent accompagné de plusieurs événements négatifs qui peuvent faire dire à quelqu'un que Dieu l'a abandonné.

A ce moment, la seule réponse que nous trouvons à nos prières, c'est le silence de Dieu. Vous pouvez vous mettre à vous poser plusieurs questions sur le sens de ses événements, mais derrière tous ces événements se cachent la grandeur d'un serviteur fidele.

Lisons Job 7 :13-14, il y est ainsi écrit : « *Quand je dis : Mon lit me soulagera, ma couche calmera mes douleurs, c'est alors que tu m'effraie par des songes, que tu m'épouvantes par des visions* ».

Job ne dit qu'il s'agissait de l'œuvre de l'ennemi, mais bien au contraire, il affirme que cela venait de Dieu lui-même, c'était pour lui un test. Tout ce qui nous arrive de mauvais, ne vient toujours pas de l'ennemi, j'ai une forte expérience dans ce sens, j'ai souvent dit à ma femme que depuis que je me suis converti, chaque bonne période que je vis, a toujours été précédé d'un temps des calamités. Notre rédempteur n'a point changé et je crois que toutes ses promesses s'accompliront. Il y a deux jours de cela, ma femme m'a posé la question suivante : Pourquoi devons-nous toujours traverser des moments tels ceux dont nous vivons à présent, et qu'en est-il de toutes les visions grandes que le Seigneur nous a montrées ? Je lui ai répondu que c'est à cause de l'accomplissement imminent de ces prophéties que Dieu nous pousse à beaucoup prier. Je ne crois pas en une vie facile et je la déteste d'ailleurs, car la Bible non plus ne l'encourage, Dieu est merveilleux, un jour quelqu'un a lu le livre Puis-je être guéri ? Et m'a posé la question suivante : Comment avez-vous fait pour vivre de telles expériences alors que vous êtes encore très jeunes ?

Je lui ai simplement répondu que je suis à l'école de la foi, c'est cela ma force, j'aime Jésus. Quand je vois ma vie d'autrefois, il était impossible de penser que je devrais prêcher un jour, et combien à plus forte raison, écrire un livre ?

Les songes d'auto-découverte

Ce genre de songe nous permet de découvrir notre vraie identité telle que Dieu nous voit. Nous ne nous voyons toujours pas tel que Dieu nous voit, Gédéon ne savait pas qu'il était un vaillant héros avant que Dieu ne le lui révéla.

C'est aussi le cas pour plusieurs d'entre nous qui étions pleins d'ambitions, mais lorsque Dieu nous révèle le but pour lequel il nous a crées, notre façon de voir les choses change parce que nous découvrons notre raison d'être et notre vraie identité.

Le songe que j'ai fait le quatre août 2006 a complètement changé ma façon de voir les choses, j'ai vu et j'ai cru que cela n'est pas venu d'un homme, et des décisions fermes ont étés prises.

Dans le songe, je me suis trouvé au bord d'un grand fleuve, et tout autour, il y avait de la verdure et c'était très beau à contempler. De façon paradoxale, j'ai vu une étoile dans l'herbe et j'en étais vraiment étonné.

Pendant que je me posais la question de savoir comment une étoile qui devrait plutôt se trouver au ciel, s'est trouvée dans la verdure. Je me suis aussitôt trouvé dans une petite pièce. Deux étoiles semblables à celle que j'avais vue au bord du fleuve, me sont apparues. De ces deux étoiles sont sortis deux Apôtres, c'étaient Pierre et Jean. Pendant que je m'entretenais avec eux, une troisième étoile est apparue et c'était l'Apôtre Paul.

Celui-ci a commencé à me donner des instructions, il me montra une femme belle de visage qui s'avançait. L'Apôtre me dit que cette femme devrait se prosterner devant moi, et pendant qu'elle s'avançait, je commençais à prier au nom de Jésus. Soudain, elle s'est inclinée devant moi, elle avait pris l'aspect d'un insecte, je me suis rendu compte que j'étais en train de rêver, et quand j'ai voulu me réveillé, je suis rentré dans l'extasie, et une force est venu sur moi, c'était une sensation exceptionnelle et difficile à expliquer.

Je ne faisais que répéter ceci : « Oints-moi de ton onction » et cela à plusieurs reprises. J'ai cherché des gens pour m'en
donner l'explication, mais personne n'a pu et cela pendant
plus d'une année.

 Ce ne fut que le premier Août 2007 après une expérience similaire que j'avais réalisé que Dieu m'appelait au ministère apostolique. Depuis lors, j'avais découvert mon identité, c'est la raison d'être de ce document que vous êtes en train de lire.

Sujets de prière

Vous devez prendre soin de tous les messages que Dieu vous transmet en songe, c'est ainsi que les sujets suivants sont importants. Prenez une semaine de prière pour ces sujets, et le Seigneur vous donnera tout ce qui est nécessaire pour votre bonne marche jusqu'à ce que sa parole s'accomplisse dans votre vie.

1-Seigneur Jésus-Christ, je te remercie parce que tu me parles en songe, et surtout tu m'ajoutes la connaissance à ce sujet. Sois loué, sois béni à jamais, amen !

2-Seigneur Jésus-Christ, je reçois toutes les promesses que tu me fais en songe, donne-moi une foi infaillible jusqu'à ce que je les vois s'accomplir, au nom de Jésus-Christ, amen !

3-Seigneur, j'ai découvert que tu t'adresses aussi à nos ennemis en songe. De la même façon que tu t'étais levé contre Abimelec lorsqu'il voulait prendre la femme de ton serviteur Abraham, lève-toi de même contre tous ceux qui bloquent ma vie, parle-leur cette nuit en songe, au nom de Jésus-Christ, amen !

4-Seigneur Jésus-Christ, tu as dit que dans les derniers jours nous aurons des songes, je voudrais que mes yeux spirituels s'ouvrent et que je bénéficie aussi de cette promesse, au nom de Jésus-Christ, amen !

5-Seigneur Jésus-Christ, je te prie de protéger tout ce que tu as mis en moi, et que l'ennemi n'y ait point accès, au nom de Jésus-Christ de Nazareth, amen !

6-Seigneur Jésus-Christ, révèle-moi l'état d'âme des personnes qui sont autour de moi, non pas pour que je puisse les haïr, mais pour que je sois prudent, et que je sache me conduire envers elles, au nom de Jésus-Christ, amen !

7-Seigneur Jésus-Christ, rappelle-moi des choses importantes que j'aurais dû connaitre, mais que j'avais oubliées. Parle-moi en songe comme tu avais révélé le songe du roi à Daniel, au nom de Jésus-Christ de Nazareth, amen !

8-Seigneur Jésus-Christ, par ta gomme spirituelle, je viens effacer tous les mauvais souvenirs du passé qui me viennent en songe, au nom de Jésus-Christ de Nazareth, amen !

CHAPITRE III : Les songes d'origine satanique

Dieu et le diable ont des buts opposés, Dieu est notre créateur et Il nous promet de très grandes choses. Le diable par contre a des desseins maléfiques et il veut à tout prix s'opposer à la destinée de l'homme. Nous avons énuméré les rêves d'origine divine et leur importance dans la vie de l'homme.

Le diable de son côté a une toute autre vision, dans sa ruse il se dissimule pour ne pas que l'on sache qu'il est à l'œuvre. C'est une grosse bêtise de penser que tous nos songes proviennent de Dieu.

Les rêves d'origine satanique sont très dangereux de par le mauvais rôle qu'ils jouent dans la vie de l'homme. Leur premier but est de décourager, le diable aime nous voir dans l'état de découragement parce que cet état produit en nous un sentiment de manque de confiance à l'endroit de notre Dieu.

C'est à cause du découragement que beaucoup d'Israelites n'ont pas eu accès à la terre promise, car les personnes envoyés par Moise, pour explorer Canaan, sont revenu avec un rapport décourageant, excepté Josué et Caleb. Si vous pouvez lire les détails de cette histoire dans Nombres 13, vous comprendrez que le découragement ne produit aucun succès et nous n'en avons pas besoin, et Dieu non plus, voilà pourquoi lors de l'appel de Josué, Il lui a dit : « Fortifie-toi et prends courage ». A la place, le diable dirait : Affaiblis-toi et soit découragé », lorsque Dieu nous montre une chose, le diable s'arrange aussi à nous montrer le contraire pour susciter l'incrédulité, le découragement, la faiblesse, l'égarement, les illusions…

- **Le songe qui combat la destinée**

Il est le songe qui vous apporte un message qui va à l'encontre du songe de la destinée, le diable opère ainsi pour vous décourager au point où vous pouvez vous dire que le songe que vous avez eu autrefois, n'était qu'un songe comme tout autre et ne contenait rien de prophétique. Le diable tentera toujours de vous donner un message contraire à celui que Dieu vous a donné, c'est à ce moment que le discernement doit jouer son rôle.
Dans d'autres cas, il ne viendra pas avec un message qui vous fera peur au point de vous décourager, mais il viendra avec un bon message contenant des promesses mensongères, et qui ne vont pas dans le même sens que ce Dieu vous a dit. Jésus était venu accomplir la mission de Dieu, Il devait donc mourir pour nous d'après le dessein parfait de Dieu.
Mais le diable avait utilisé la bouche de Pierre pour Lui donner un message contraire, et qui était bien pour échapper à la mort. S'aurait été nous à la place, on dirait « Amen » à un bon mensonge comme ça. Nous sommes appelés à

développer notre capacité de discerner, car le diable est vraiment rusé. Sa mission est de désorienter chacun de nous, du véritable chemin qui nous conduirait au véritable bonheur que Dieu a programmé en notre faveur.

Les rêves ayant pour but de décourager

Dans ce genre de rêve, le diable veut montrer à l'homme qu'il n'a rien à espérer, qu'il n'a aucune importance, et surtout que Dieu ne prête vraiment pas attention à ses prières. Le plus souvent, au réveil, on est très abattu.

Lisons Job 4 :12 et suite, il est dit : « Une parole est arrivée furtivement jusqu'à moi, et mon oreille en recueilli les sons légers. Au moment où les visions de la nuit agitent la pensée, quand les hommes sont livrés à un profond sommeil, je fus saisi de frayeur et d'épouvante, et tous mes os tremblèrent. Un esprit passa près de moi... Tous mes cheveux se hérissèrent... Une figure d'un aspect inconnu était devant mes yeux, et j'entendis une voix qui murmurait doucement : L'homme serait-il juste devant Dieu ? Serait-il pur devant celui qui l'a fait ? Si Dieu n'a pas confiance en ses serviteurs, s'il trouve de la folie chez les anges, combien plus chez ceux qui habitent les maisons d'argile, qui tirent leur origine de la poussière... »

Dans ce passage c'est l'un des amis de Job appelé Eliphaz de Théman qui était en train de vouloir faire de reproches à Job, en lui faisant savoir que l'innocent ne peut pas souffrir, et il lui a fait part de son songe. Dans ce songe, un esprit est venu à lui de façon dérobée, nous savons que c'est Satan, qui au chapitre 1 de Job, avait demandé la permission à Dieu pour le mettre à l'épreuve.

Le but du diable était de montrer à Dieu qu'en cas de difficulté, Job pouvait aussi le renier. Sachant qu'Eliphaz était l'un des amis de Job, il lui est aussi apparu en lui faisant savoir que de toutes les façons, l'homme n'a aucune importance et que Dieu ne fait aucun cas de lui. Mais son but était surtout de faire accepter à Job, un péché qu'il n'a pas commis, et aussi de lui faire comprendre qu'il n'était ni juste ni innocent dans cette affaire.

Ce message est tout à fait le contraire du témoignage que Dieu a fait au sujet de Job dans son premier chapitre au huitième verset. Dieu a dit clairement que Job est son serviteur et que personne sur terre n'était comme lui. Pour Dieu, Job était juste, car il vivait par la foi, dans Hébreux 11 quand on parle des héros de la foi, on cite aussi Job. Gloire soit rendue à Dieu qu'en dépit de ce message, Job est resté fidele à Dieu.

Chaque fois que nous recevons un témoignage de la part de notre Dieu, souvent quelques temps après, le diable arrive avec son contraire. Jésus aussi a vécu cela, lors de son baptême, Dieu a clairement témoigné qu'il est son Fils unique en qui Il a mis toute son affection.

Juste après ce baptême, lorsque l'Esprit l'a conduit dans le désert dans Luc 4 au verset trois, le diable lui dit : Si tu es Fils de Dieu… Remarquons Que Dieu a clairement affirmé que Jésus est son Fils, par contre le diable emploi le terme « si » comme si cela n'était pas vrai et qu'il fallait le prouver devant lui pour authentifier ce statut de Fils de Dieu. Quelques jours après l'expérience surnaturelle que j'ai raconté plus haut, le diable m'a aussi fait savoir que ce n'était qu'un rêve et que ce que je ressentais, tout le monde pouvait aussi le ressentir. Il m'a fait savoir que Dieu ne pouvait pas m'utiliser, il a commencé à me montrer ceux qui se sont convertis avant moi, et aussi ce que mon père a vécu bien qu'il fut pasteur.

J'étais vraiment abattu, heureusement que Dieu m'avait déjà choisi et qu'Il ne se trompe pas dans ses choix. Vous êtes peut-être dans une situation similaire, Dieu vous a parlés un jour, mais le diable vous montre le contraire. Soyez sûr que Dieu accomplira sa parole, je vais vous dire une chose, lorsque Dieu vous parle, quand vous recevez cette parole, vous l'avez aussi reçu Lui-même, car Dieu et sa parole sont un.

Les rêves illusoires

Ces rêves viennent bercer d'illusions les personnes qui pratiques le mal en les faisant comprendre que Dieu est toujours avec elles, et qu'Il comprend pourquoi ces hommes ont pêché et que d'ailleurs la chair est faible.

Le but poursuivi par le diable, dans ce type de songe est de vous amener loin de la repentance de Dieu, alors il vous donne des illusions qui ne s'accompliront jamais. La Bible affirme clairement que le diable se déguise en ange de lumière.

Zacharie 10 :2 nous fait part de ce songe, il est ainsi dit : « *Les théraphim ont des paroles de néant, les devins prophétisent des faussetés, les songent mentent et consolent par la vanité. C'est pourquoi ils sont errant comme un troupeau, ils sont malheureux parce qu'il n'y a point de pasteur.*

Nous sommes ici à l'une des époques de déclin spirituel, le peuple consultait les théraphim, les faux dieux… il y avait la présence des faux prophètes. On ne peut pas parler de faux prophètes sans qu'il n'y ait des fausses prophéties.

Ce qui égare certaines personnes qui sont dans des fausses religions, ce sont parfois les songes et les visions qu'elles y font, cela les rassure qu'elles sont réellement avec Dieu. Dans le passage de Zacharie que nous venons de lire, on nous affirme clairement que le peuple n'avait pas de pasteur ou berger. Ce n'est pas qu'il n'y avait personne, mais il n'y en avait pas un vrai qui pouvait le conduire dans des verts pâturages.

Dans Jean 10 Jésus dit que le vrai Berger donne sa vie pour les brebis, tandis que le faux prophète vient pour voler, dérober… Je vous dis que dans les fausses religions, les gens font aussi des songes qui les rassurent. J'ai déjà écouté quelque chose de semblable de la part d'une femme qui fait parti de l'association pernicieuse Louzolo, et je me suis rendu compte du danger que courent tous ceux qui sont dans la fausse religion. Dans d'autres religions par contre, les membres sont sous anesthésie spirituelle, et les visions sont rejetées, je suis sorti de l'une de ces synagogues.

Les rêves ayant le but de faire oublier le nom de l'Eternel

Le diable multiplie des stratégies parce qu'il ne sait pas laquelle va réussir. Contrairement aux deux types que nous avons vu précédemment, ici il s'agit de faire oublier le nom de l'Eternel, amener le peuple à comprendre qu'il y a d'autres dieux qui sont aussi puissants. Voilà pourquoi nous ne devons pas seulement nous contenter des miracles ou des dons, car un homme spirituel doit aussi manifester le fruit de l'Esprit dont fait mention Galates 5 :22.

Le diable produit aussi les miracles et la Bibles nous avertit à propos, mais il n'a pas le fruit de l'Esprit. Les hommes aiment la facilité, y compris les chrétiens, nous devons faire très attention. Dans Jérémie 23 on fait mention de ce type de songe ayant pour but de nous faire oublier le nom de l'Eternel, lisons le verset 27 : *« Ils pensent faire oublier mon nom à mon peuple par les songes que chacun d'eux raconte à son prochain, comme leurs pères ont oublié mon nom pour Baal.*

Ces songes n'ont qu'un but faire oublier le nom de l'Eternel au détriment d'une autre divinité. Le songe étant un domaine de la prophétie, nous sommes sensés l'examiner avec une attention particulière.

Autres songes d'origine satanique

Nous citons en passant ces songes que nous avons aussi expérimentés ou que nous avons entendu parler de la part des personnes que nous avons rencontrées dans notre parcours ministériel. Nous en parlons juste de façon passagère parce que nous n'avons pas trouvé de versets bibliques à propos, car notre principe est de rester dans la Bible. Il est vrai que Dieu peut nous faire connaître quelque chose qu'il n'avait révélée à personne avant nous, mais cela ne doit pas faire l'objet de la doctrine. Nous citons en passage, les réclamations et les poursuites. Généralement lorsqu'une personne quitte une loge, une fausse religion, une secte… elle est poursuivie par les esprits qui la réclament.

Elle fait généralement les songes dans lesquels elle est poursuivie soit par un animal dangereux, soit par un géant, soit par une créature d'un aspect très bizarre.
Après avoir quitté l'Alliance chrétienne, j'ai fait ce genre d'expérience jusqu'au point de tomber malade.

C'est quelque chose de très fréquent pour les personnes qui n'ont pas une discipline chrétienne, la tradition, la religion…continuent à les réclamer. Il peut aussi s'agir du fait qu'on habite un territoire consacré au diable.

Les rêves d'opposition

Dans ce type de songe, vous pouvez voir une forte opposition se lever contre vous alors que vous vous engagez dans un projet.

Lorsque j'ai commencé à implanter l'église à la poudrière, j'ai vu les géants territoriaux m'intimider en songe, quelques jours après, les vieux du quartier sont allés voir mon logeur pour lui dire qu'ils n'avaient pas besoin du bruit dans le quartier, alors qu'il s'y trouve beaucoup des bars sonorisés. En outre ceux dont nous venons de faire mention, il existe aussi les songes d'initiation, il y en a encore d'autres que vous avez peut-être expérimenté, nous ne vous présentons pas une liste exhaustive.

Les songes de rétrogradation

C'est le type courant des songes sataniques, presque chaque semaine je reçois quelqu'un qui m'en fait part.

Dans ce songe, on vous fait revivre votre passé lointain de façon récurrente. Par exemple vous avez déjà obtenu votre licence et vous espérer obtenir un emploi, mais de façon paradoxale, vous vous voyez souvent à l'école primaire avec vos amis d'autrefois. Il y a deux raisons à ce problème : premièrement, l'école où vous avez fait vos études primaire est aussi un quartier général des sorciers. Malgré que vous n'y êtes plus physiquement, mais votre esprit y est enfermé. Deuxième, les sorciers de la famille vous impose cette situation spirituelle pour que vous ne travailliez pas. Dans les deux cas, le sort est le même ; le chômage. Pour s'en débarrasser, il faut sortir de cette prison, car un enfant de l'école primaire ne peut pas obtenir un emploi. Il peut s'agir du mariage, vous êtes déjà marié, mais vous vous voyez toujours en train de vous marier en songe.

Les réclamations

Dans ce genre de songes, on est poursuivi soit par un animal dangereux ou par des militaires (image des démons dans les songes). Généralement c'est lorsqu'on quitte une loge, une fausse religion ou qu'on refuse par les esprits ancestrales qui règnent dans les familles. Les ancêtres leur avaient dédié les familles entières y compris les générations d'avenir. Dans cette catégorie se trouvent aussi les démons qu'on appelle couramment par « maris ou femmes de nuits », ils nous réclament contre notre volonté au point parfois de sceller les alliances nocturnes qui peuvent conduire à l'initiation.

L'initiation

Ici, on fait allusion à tous les songes qui nous engagent contre notre volonté à des activités nocturnes. Dans ce genre de songes, généralement la nourriture est souvent au rendez-vous, par cette nourriture, on transmet la sorcellerie. On avait un ancien, chaque fois qu'il était programmé à la prédication, la veille on le voyait en songe, nous présenter une sorte de haricot qui n'existe pas dans ce monde. Ce haricot avait des grains très volumineux, et le plus souvent on le voyait toujours nu, ou encore en tenue militaire.
Nous sommes nombreux à l'avoir vu en songe, une nuit à zéro heure, un frère m'a appelé au téléphone pour me raconter ce qu'il voyait. C'est exactement ce que j'étais en train de voir, quelle drôle de coïncidence ! Je vous recommande de ne pas manquer de lire mon prochain livre « l'église et les systèmes religieux », livre dans lequel j'ai parlé des sept signes de la manifestation de la sorcellerie dans une église.

Dans les rêves d'initiation, on peut aussi se trouver en train d'être intronisé au mbongui ou au bord de l'eau dans une cérémonie purement traditionnelle.

Sujets de prière

Cette est sans doute la plus sensible de ce livre, du fait que Satan veut nous imposer des situations négatives, c'est ainsi que je vous encourage à prier et à jeûner pendant toute cette semaine pour ces sujets. Je suis certain que vous m'appellerez pour des témoignages.

1-Seigneur Jésus-Christ, je te loue parce que tu es au dessus de toute puissante. Je te remercie parce que ta Parole d'Esaïe 8 : 23 est en train de s'accomplir aujourd'hui dans ma vie, car tu as dit que les ténèbres ne régneront pas toujours. Je te bénis parce que ta lumière dissipe les ténèbres au nom de Jésus-Christ de Nazareth, amen !

2-Je me lève contre tout esprit qui voulait m'initier, que le feu du ciel te consume au nom de Jésus-Christ de Nazareth, amen !

3-Je me lève pour détruire toutes les alliances nocturnes dans lesquelles je n'ai engagé ni mon âme ni ma conscience, qu'elles soient rendues nulles et sans effet au nom Puissant de Jésus-Christ de Nazareth, amen !

4-Je chasse toute puissance qui me réclame, au nom de Jésus-Christ de Nazareth, amen !

5-Je viens aveugler tous les esprits mauvais qui veulent contrôler ma vie, que le feu du ciel consume leurs yeux, au nom de Jésus-Christ, amen !

6-J'envoie le feu du ciel contre tous les esprits qui s'attaquent à mes finances, je chasse toute pauvreté qui s'infiltre par les songes, au nom de Jésus-Christ de Nazareth, amen !

7-Je me libère de tous les esprits opérants dans ma famille, car j'ai reçu le pouvoir de devenir enfant de Dieu. J'envoie le feu sur tout autel qui exerçait une influence négative sur ma vie, au nom de Jésus-Christ de Nazareth, amen !

8-Je refuse de me soumettre à toute domination, je refuse la médiocrité, je refuse les anesthésies spirituelles qui m'empêchent de bien voir. J'envoie le feu du ciel contre tous ces esprits au nom de Jésus-Christ de Nazareth, amen !

9-Je me lève contre les esprits opérant par l'hérédité, je les chasse au nom de Jésus-Christ de Nazareth, amen !

10-La bible dit que l'occultisme ne pourra rien contre Israël, ni la divination contre Jacob, voilà pourquoi je détruis toutes les œuvres des sciences occultes, au nom de Jésus-Christ, amen !

11-Je briser toutes les barrières invisibles, toutes les toiles d'araignée nocturnes, que le feu vous consume au nom de Jésus-Christ, amen !

12-Toutes les forêts qui me paraissent en songe, que le feu du ciel les consumes ainsi que tous les esprits qui y opèrent, au nom de Jésus-Christ de Nazareth, amen !

13-Je me lève contre tous les esprit qui veulent me rétrograder, que le feu vous consume, au nom de Jésus-Christ de Nazareth, amen !

14-Je viens chasser tout esprit qui veut m'éloigner de Dieu, au nom de Jésus-Christ de Nazareth, amen !

15-Je viens annuler tout songe qui s'oppose à ma destinée, je chasse tout esprit qui veut m'imposer un destin satanique, au nom de Jésus-Christ de Nazareth, amen !

16-Tous les songes contenant un message d'espoir, produisant des illusions en moi et ne venant pas de Dieu, que le Saint-Esprit me permette de te détecter, au nom de Jésus-Christ de Nazareth, amen. J'envoie le feu pour te détruire au nom de Jésus-Christ de Nazareth, amen !

17-Je refuse de me balader dans les rêves avec des gens que je ne connais pas, qu'ils soient consumés par le feu du ciel au nom de Jésus-Christ de Nazareth, amen !

CHAPITRE IV : Les païens et les songes

Même si les songes sont considérés comme un domaine de la prophétie, mais Dieu dans sa souveraineté peut aussi s'adresser à un païen. Un autre fait est que nous avons dit plus haut que tous les songes ne proviennent pas nécessairement de Dieu. La plupart des rêves païens sont d'origine satanique. Je parlais avec l'un de mes enseignants de l'université et je lui ai dit que je suis en train d'écrire sur les songes et il m'a fait part d'une expérience qu'il a faite pendant qu'il était étudiant à Bordeaux.

Il m'a dit ceci : « Lorsque j'étais en Europe, une nuit j'ai eu un songe et j'ai vu le grand maître de la fraternité blanche universelle m'imposer les mains. Le lendemain je suis allé à l'une des bibliothèques de la ville, contre toute attente, le premier livre que j'avais pris dans ma main était écrit par celui que j'avais vu en songe. Je me suis dit que c'était donc la bonne voie et je m'en suis procuré ». Pensez-vous que cette expérience vient de Dieu ? Allez y comprendre.

Les païens peuvent recevoir un message de Dieu pour deux raisons : premièrement s'ils sont dans le plan de Dieu et ont un avenir avec lui. Deuxièmement lorsque leur songe peut avoir un lien avec la vie d'un enfant de Dieu.

Dans Juges 7 :13-14, on parle d'un madianite qui a fait un songe dont l'interprétation donnée par son collègue, a eu son accomplissement.

Lisons le texte *: « Gédéon   arriva ; et voici, un homme racontait à son camarade un songe. Il disait : J'ai eu un songe ; et voici, un gâteau de pain d'orge roulait dans le camp de Madian ; il est venu heurter jusqu'à la tente, et elle est tombée ; il l'a retournée sens dessus dessous, et elle a été renversée .Son camarade répondit, et il dit : Ce n'est pas autre chose que l'épée de Gédéon, fils de Joas, homme d'Israël ; Dieu a livré entre ses mains le pays de Madian et tout le camp ».*

Ce songe revêt un aspect particulier, car il n'était pas un signe pour ces médiantes, mais plutôt pour Gédéon, car bien avant Dieu lui avait demandé de descendre dans le camp de Madian qu'Il avait livré entre ses mains, au verset onze Dieu dit : « *Tu écouteras ce qu'ils diront, et après cela tes mains se fortifieront … »*

Dieu voulait donc montrer à son serviteur Gédéon qu'il avait déjà affaibli ses ennemis. Les païens font des songes pour plusieurs raisons : premièrement parce qu'ils sont aussi des créatures de Dieu, et aussi que certains d'entre eux finissent par se convertir, nous sommes tous d'accord que personne ne nait chrétien. Une autre raison, lorsque leur songe peut avoir un lien avec la vie d'un enfant de Dieu. La troisième raison est qu'il peut aussi avoir un mauvais esprit qui lui permet d'avoir des visions. Les esprits comme celui du python ou autre esprit des eaux ont la capacité de prédire.

Ce sont des démons déchus qui prennent cette forme. Un pasteur m'a parlé d'un frère qui manifestait un don dans son église, et tout le monde était content de ce don, mais de façon paradoxale, après le baptême du frère, ce don avait disparu. Je tiens à signaler qu'il est pratiquement impossible qu'une personne puisse manifester les dons spirituels dont 1 Corinthiens 12 fait mention, si elle n'est pas baptiser du Saint-Esprit.

Or ce frère avait soit disant un don de guérison avant même qu'il ne rencontra le Seigneur. Un don est irrévocable, voilà pourquoi on l'appelle don. Si ce qui se manifestait dans la vie de ce frère était réellement un don, cela ne pouvait pas disparaître.

Sujets de prière

1-Seigneur Jésus-Christ, je prie pour tous ceux qui ne te connaissent pas encore, mais qui sont en train de lire ce livre, touche leurs cœurs afin qu'ils se convertissent, au nom de Jésus-Christ, amen !

CHAPITRE V : L'interprétation

L'interprétation des songes fait appel à la sagesse divine, elle fait parti du don de sagesse, la Bible nous parle de certaines personnes ayant manifesté ce don avec efficacité, on reconnaît notamment Joseph ; Daniel ; Salomon ou l'Apôtre Jacques le frère du Seigneur.

Beaucoup des gens font des songes sans en connaître l'interprétation, certains sont surpris lorsque les événements s'accomplissent, n'a-t-on pas entendu des déclarations du genre : Ah ! J'avais vu cela en songe, mais sauf que je n'avais pas bien saisi le message. Il scie aussi de noter que le langage des songes prend aussi en ligne de compte notre environnement socioculturel. Si Dieu a parlé à pharaon en utilisant l'image des épis, c'est parce qu'Il savait que pharaon connaissait bien les épis. S'aurait été dans un contexte où on ne connaissait pas les épis, Il allait utiliser quelque chose que ce peuple pouvait bien connaitre. C'est pour qu'aujourd'hui, vous pouvez faire un songe dans lequel l'ordinateur est l'image principale, bien que dans la Bible l'ordinateur n'existe pas.

Nous devons comprendre que le Saint-Esprit est toujours à l'œuvre, si nous avons dans nos assemblées des personnes qui manifestent les dons comme le parler en langue, qui est d'ailleurs le plus répandu, la guérison ou tout autre, nous devons aussi avoir ceux qui résolvent les questions difficiles. C'est par une bonne interprétation du songe que l'Egypte fut épargnée d'une famine qui sévissait toute la terre, c'est aussi par une bonne interprétation que les vies de Daniel, des sages et des chaldéens, des devins et des astrologues de Babylone ont été épargnées.

En notre temps aussi Dieu a fait grâce à certaines personnes qui interprètent les songes, avant 2009, je n'avais jamais prié pour avoir ce don, mais lorsque Dieu a commencé à m'envoyer des personnes qui faisaient des rêves difficiles à appréhender, j'ai réalisé l'importance de ce don.

Beaucoup des situations ont été débloquées, des ministères ont été orientés, des problèmes ont été évités et beaucoup d'autres choses. Dans cette rubrique nous allons vous faire part de plusieurs songes dont nous avons donné l'interprétation, certains d'entre eux se sont déjà accomplis.

Un pasteur est venu me voir un jour, alors qu'il avait souvent des problèmes avec sa femme, nous avons commencé à prier pour son foyer. Je lui avais posé la question depuis combien de temps sa femme n'adhère plus à sa vision, il m'a dit que c'est depuis qu'il était parti à l'institut biblique. Nous avons continué à prié, un jour le Seigneur lui a montré en songe qu'il était parti quelque part, soudain il s'est trouvé devant une table sur laquelle se trouvaient les amuses gueules comme les biscuits, les pop cornes, l'arachide… Ceux qui faisaient la vente de ces objets étaient les membres de la famille de son épouse.

Le frère en achetant les pop cornes, avait donné un billet de dix mille francs, il a attendu qu'on lui remette la monnaie, malheureusement, on ne lui remit rien du tout. A près cela, il s'est éveillé de son sommeil. Il m'en a expliqué tôt le matin, voici l'explication que j'avais donnée : Les amuses gueules symbolisent l'apéritif qu'on offre lors d'un mariage ; les 10000F représentent l'investissement ou l'argent qu'il a dépensé pour épouser sa femme, voilà pourquoi il avait vu les membres de la famille de son épouse, recevoir de lui cet argent.

Le fait qu'on ne lui avait pas remis l'argent, signifie que ses attentes pour ce mariage ne seront pas satisfaites, c'est un investissement à sens unique, à moins que le Seigneur ne fasse grâce dans sa souveraineté. Après cela, le pasteur m'a avoué qu'il n'était pas de son choix d'épouser cette sœur, mais ce fut à une époque où il venait juste de recevoir le Seigneur, et son pasteur de l'époque lui avait fait cette proposition jusqu'au point de jouer de son influence.

Quelques temps après sa femme est allé habiter dans un pays étranger sans le consentement de son mari, ils vivent séparément depuis plus de deux ans, mais nous sommes en train de prier que les choses rentrent dans l'ordre, car le frère a du zèle pour le Seigneur.

Le deuxième songe concerne le frère Alexander, ce frère est pour moi plus qu'un ami, le Seigneur nous a unis dans la prière depuis plus de dix ans. Ce frère avait fait la proposition d'épouser la sœur Queens à une même époque où j'avais fait la connaissance de Justania mon épouse.

Par la grâce de Dieu nous nous sommes mariés depuis janvier 2010, ce frère et cette sœur nous ont aussi assistés. Leur relation était vraiment appréciée, mais lorsque le frère voulait rentrer aux choses sérieuses pour accélérer le processus, la sœur le quitte sans raison apparente et déclare qu'elle veut faire une aventure à l'étranger, nous en étions tous abasourdis.

Une année plus tard, le frère a changé d'option, il a rencontré la sœur S, une nuit alors que le frère était en déplacement pour des raisons professionnelles, Dieu lui montre qu'il était condamné pour neuf ans d'emprisonnement.

Dans la pièce où on l'avait mis, se trouvait aussi la sœur Queens dont les fiançailles n'avaient pas abouti.

Tôt le matin il m'a appelé pour m'expliquer le songe, voici l'explication que je lui avais donnée : « Le monde des ténèbres est au courant que tu as l'intention de te marier, voilà pourquoi il a mis en place toutes les stratégies pour prolonger de neuf ans ton célibat.

Si tu as aussi vu la sœur Queens qui t'avait quitté, dans la même pièce que toi, c'est que vous avez un point commun, c'est le lien du célibat. Quelques temps après la relation de ce frère avec la sœur S, a connu le même sort, mais nous sommes en train de prier Dieu, et pensons que la prochaine fois il ira jusqu'au bout.

Le troisième songe est celui que la sœur Claude m'avait raconté, elle m'a ceci : *Dans ma couche, j'ai vu un gros avion d'un aspect incroyable qui venait et un grand vent l'accompagnait. On dirait que les pilotes avaient perdu le contrôle, l'avion était au point de tomber sur la population, et c'était une panique générale dans la ville, les gens poussaient des cris de détresse. A la grande surprise, l'avion ne s'est plus écrasé sur la population, il est venu juste arracher un gros arbre qui avait l'aspect d'un homme, et puis il est allé atterrir loin de la ville dans un lieu désert.*

Voici l'interprétation que je lui avais donnée : L'avion qu'elle a vu, est un malheur qui veut s'abattre sur la ville, un événement tragique.

Et comme elle a vu le peuple pousser des cris jusqu'au point où l'avion n'est plus tombé sur la population, il s'est juste contenté d'arracher un gros arbre.
 Les cris que poussait le peuple est l'image de la prière, qui seule peut faire que ce malheur soit évité au point où il pouvait juste s'abattre une haute personnalité.

Un autre songe est celui que j'ai fait en août 2011, dans ma couche j'ai vu l'un des pasteurs de la communauté où j'étais autrefois entrain d'égorger un bœuf dans le temple, il avait dans sa main droite une petite hache similaire à celle que les bouchers utilisent, dans sa main gauche, il tenait une Bible.
Il était entrain de faire des incantations, et soudain je me suis réveillé de mon sommeil. Mon cœur battait comme si j'avais un problème, j'ai prié, et puis j'ai commencé à réfléchir sur la vision.

Je me suis posé la question de savoir si cela ne concernait pas ma famille, car celui que j'ai vu est aussi membre de la famille. Voici l'interprétation que j'ai donnée : Le bœuf qu'on abattait représentait une personne et membre de la communauté, le pasteur qui tenait la Bible et la hache représente le clan des pasteurs sorciers qui se cachent derrière la Bible pour qu'on ne puisse pas les identifier « Ézéchiel 8 ».

Ces avaient résolu d'offrir un sacrifice à leur dieu, et le choix a porté sur l'un des membres de leur clan. Une semaine après, un pasteur de l'église est décédé. De façon curieuse, la nouvelle s'était répandue à la veillée mortuaire que c'est celui que j'avais vu en songe qui y était à l'origine, et pourtant je n'avais encore rien dit aux gens.

Un autre songe est celui que j'avais eu en 2011 pendant que je venais juste de commencer avec l'implantation de l'église, j'ai vu la femme au pasteur de cette même communauté, porter un bébé.

Celui-ci souffrait d'une diarrhée, pendant que je voulais prier pour l'enfant, ses yeux se sont allumés comme les phares d'une voiture. Je me suis réveillé et j'ai expliqué le songe à ma femme.

Je méditais sur le sens de la vision, et voici l'explication que j'avais donné : Cet enfant appartient à un membre de cette communauté, puisque je l'ai vu entre les mains de la femme à leur pasteur, l'enfant a donc été livré à l'esprit avec lequel ce pasteur travaille.

Et comme les yeux de l'enfant s'allumaient comme les phares, cela veut dire qu'on l'initiait à la sorcellerie. Ce même jour, comme dans leur communauté ils savent que j'ai un fardeau pour les malades, j'ai vu arriver une sœur avec un bébé, elle m'a dit que l'enfant souffrait de la diarrhée depuis un certain temps et que malgré qu'on l'amène à l'hôpital, aucun changement n'avait été observé.

Nous avons commencé par une prière, ma femme a eu une vision, bien que n'étant plus de leur communauté, elle a commencé a expliquer tout ce qui s'était passé lors de la cérémonie de bénédiction le jour où l'enfant fut présenté à la communauté. Bien qu'absente en chair, elle a même donné les détails sur la façon dont leur pasteur était habillé ce jour là, la sœur en était stupéfaite, nous avons intercédé au point d'aller arracher l'enfant de la main de ces forces, de ce lobby des sorciers. L'enfant était guéri simultanément, la nuit nous avons eu des attaques terribles, le Seigneur a révélé comment ils étaient entrain de venir dans leur avion qui n'était qu'une coque d'arachide. J'ai encore beaucoup des choses à dire là-dessus, si je parle déjà de tout concernant cette religion, ça sera comme si j'abordais déjà mon prochain livre « L'église et les systèmes religieux »

Ce livre contiendra un chapitre sur les sept signes de la manifestation de la sorcellerie dans une église, c'est juste un avant goût que je donne aux lecteurs de la parole de Dieu, car nous voulons tous être affranchis. Mais il faut au préalable connaître la vérité, je vous dis que Dieu est entrain de nous donner beaucoup d'enseignements sur le combat spirituel et bien d'autres domaines de la vie.

Nous les avons chassés, Dieu a montré aussi en vision, une prison où ce clan des sorciers met tous les enfants qu'ils maudissent. Je ne dirai pas que leurs cérémonies de présentation d'enfants soient une bénédiction, bien que leurs fideles le pensent. Il y a encore beaucoup d'autres songes qui touchent à la destinée du Congo, que je n'ai pas voulu mentionner dans ce livre pour des raisons personnelles, notre but n'est pas d'effrayer, mais plutôt de demander au peuple d'avoir confiance en Dieu et de savoir discerner les signes du temps.

Le docteur John a eu un songe, et me l'a expliqué, il m'a dit ceci : « Je voyais trois voitures de couleur verte qui roulaient sur le goudron, elles paraissaient être des voitures qui font la publicité, et toutes étaient de couleur verte. Je me trouvais derrière dans un coaster blanc qui suivait ces voitures, et il y avait beaucoup des gens autour de moi, j'étais bien habillé en chemise blanche ». Je lui ai dit ceci : « Les trois voitures représentent trois ans, et comme tu as vu qu'elles étaient en train de faire la publicité, tu dois savoir que la publicité a pour but d'accroître la notoriété ou la renommée. Dans trois ans le Seigneur donnera de la renommée à ton ministère, on entendra les échos de toi, et beaucoup des gens viendront vers toi. Et comme tu t'es vu en chemise blanche, tu dois demeurer dans la sanctification et continuer sur le droit chemin ».

Un ami d'enfance a été bouleversé par un songe, et m'en a expliqué, il m'a dit ceci : « Dans mon songe, je me suis retrouvé dans un village, et nous étions assis avec des gens qui étaient torses nues, c'était comme dans un mbongui. On avait formé une sorte de cercle, et au milieu de nous se trouvait une cuvette pleine de nsamba que ces gens buvaient. L'un d'eux m'a demandé de goûter aussi de ce vin, mais j'avais refusé, ils m'ont tous supplié d'en prendre, et j'en ai pris pour ne pas les vexer. Pendant qu'on buvait, j'avais constaté que le vin avait vraiment diminué, et il y avait un dépôt sale dans la cuvette, et au fond se trouvait un caméléon. Ensuite je commençais à regretter pourquoi j'avais pris de ce vin, et puis je me suis réveillé.

J'ai commencé par lui poser la question s'il connait les personnes qui étaient avec lui en songe, il m'a dit qu'il ne les connait pas, mais en songe ils paraissaient être des gens qu'il connait, et ils l'appelaient par un nom qu'il n'a jamais porté, et il acceptait ce nom comme si c'était son vrai nom. Je lui ai dit ceci : « Toi et moi, nous sommes des hommes, et nous n'avons aucune capacité d'imaginer les gens qui n'existent pas. Sache donc que ces gens que tu as vus, existent dans le monde des ténèbres, toi tu ne les connais pas, mais eux te connaissent, et s'ils s'approchent de toi c'est parce qu'il y a un lien entre toi et eux. Comme tu as vu un village et le mbongui, sache que ce sont des esprits qui règnent dans votre tradition. Et comme tu as vu le nsamba qui est le vin qui couronne toutes les cérémonies des traditions du sud de notre pays, sache que la cérémonie avait pour objet de t'initié, c'était une forme d'intronisation. Comme tu t'étais vu en train de refuser de prendre de ce vin, et qu'on t'avait supplié, ta conscience n'avait pas été engagée dans cette initiation. Le caméléon représente le totem qui pourrait te permettre de te déporter dans leur monde chaque fois qu'ils auront besoin de toi. Si tu peux te renseigner dans ta famille tu n'es par le premier à faire cette triste expérience ».

Il m'a dit : « Vous avez raison, il y a quelques années de cela, mon oncle avait fait une expérience similaire, et après il avait reçu le pouvoir de protéger la famille ». Je lui ai dit « qu'il n'est pas bien qu'un homme vous protège, vous êtes comme des coqs dans un poulailler, il va égorger quand il voudra. Sache que la solution à ton problème dépond du choix que tu vas faire maintenant. Si tu choisis Jésus, il te délivrera, mais si tu prends la chose à la légère, tu vivras des choses plus compliquées ».

La femme des églises de réveil

C'est ainsi que j'intitule le songe que le pasteur Roland GOMA, juste au moment où il avait commencé l'implantation de l'église Son de la Trompette, il a eu ce songe très significatif. Il s'est trouvé à l'église avec d'autres membres de la communauté, soudain il a vu une femme très belle qui voulait le séduire. En se présentant, cette femme lui a fait savoir qu'elle est la femme de toutes les églises de réveil du Congo.

A son réveil, le cœur du pasteur battait à vive allure, le lendemain il m'a fait part de ce songe, et j'ai dit merci a Dieu, car c'est aussi une mise en garde pour nous parce que les systèmes religieux sont entrain de séduire le peuple par toutes les manières. Plus haut lorsque je vous ai fait part de l'expérience surnaturelle que j'ai faite le quatre août 2006, je vous ai parlé d'une femme belle qui s'était prosternée devant moi et quand j'avais invoqué le nom de Jésus, elle avait fini par prendre l'aspect d'un insecte.

Je pense qu'il s'agissait de la même femme, Dieu dans sa miséricorde, nous a fait connaitre ce qui se passe spirituellement avec tout ce formalisme que nous observons, ce spectacle religieux.

Voici l'interprétation que j'ai donnée au songe du pasteur Roland : La femme qu'elle a vu s'approcher de lui, est un esprit impur, un système occulte qui gouverne certaines communautés que nous appelons « église de réveil ». Cette femme est aussi représentée physiquement par une institution mise au point par certains pasteurs qui veulent entrainer les autres dans leurs bêtises. Posons-nous la question quel est l'impact de l'église dans ce pays ?

Le réveil n'est pas une simple forme de prière agitée par laquelle on fait du bruit en parlant soit disant en langue. Il est plutôt une prise de conscience des hommes sous l'influence du Saint-Esprit.

Comment peut-on concevoir que les pasteurs impudiques, voleurs ou cupides puissent prôner le réveil, nous sommes fatigués de toutes ces agitations. Un vrai réveil ne coure pas derrière l'homme politique.

Je vous dis qu'il est très dangereux de se laisser conduire par un faux berger, il ne pourra pas vous conduire au paradis, sortez du milieu d'eux. Vous ne pouvez pas amener quelqu'un à un endroit que vous ne connaissez pas, cela peut s'expliquer aussi physiquement, il est pratiquement impossible que moi qui ne connais pas le Brésil, que je puisse y amener quelqu'un sans avoir besoin d'un guide.

Une personne qui n'a pas Jésus, ne peut pas vous conduire vers lui, mais il vous entrainera sur son propre chemin, c'est là l'œuvre des faux bergers, ils viennent pour voler, dérober, égorger…J'étais stupéfait de regarder à la télé les pasteurs s'assembler avec les kimbaguistes, les eckankars, les terynkyo et toutes les fausses religions de la place pour implorer la miséricorde divine.

La télé nous a montré ce genre de spectacle qui ne cesse d'irriter l'Eternel. Avant de finir cette parenthèse, nous pouvons-nous poser la question d'où vient-il que les chrétiens de l'église primitive parlaient aussi les langues des hommes comme l'affirme Actes 2, alors que ceux d'aujourd'hui ne parlent que les langues des soient disant anges ?

J'admets que nous parlions les langues des anges puisque Paul en parle dans 1 Corinthiens 14, et bien avant, Jésus en avait fait la promesse à ses disciples dans Marc 16, mais nous devons aussi parler les langues des hommes. Un autre fait, pourquoi dans toutes les églises dites de réveil, quand le pasteur fini de prêcher et qu'il commence à prier pour le peuple, il doit nécessairement parler une langue inconnue pour que les gens tombent ?

Je ne suis pas contre le fait que les gens tombent, j'en fais aussi l'expérience dans mon ministère, mais nous devons avouer qu'il y a des choses dangereuses qui se sont infiltrées dans les quatre murs de l'église. Ce n'était qu'une parenthèse pour nous aider à être aussi prudents que jamais.

Revenons sur le songe qui avait agité l'esprit du roi de Babylone, et que Daniel avait donné l'interprétation. Nous avons dit plus haut que nous sommes entrain de vivre la quatrième partie de la statuette, car l'esprit qui avait régné à Babylone a fait sa résurgence sous une autre forme. Il est symbolisé par un système, et non un état, nous trouvons dans ce système et le fer et l'argile, nous en avons parlé plus haut avec des détails.

Le but pour lequel nous y sommes revenus, est de montrer comment un simple songe peut avoir un aussi grand impact, au point d'influencer des générations toutes entières jusqu'à la fin des temps.

Je reviens une fois de plus sur le fait que le songe est un domaine de la prophétie, il est un don précieux, car il apporte des messages, oriente des vies… Le peu de songes que nous avons fait mention dans ce livre, ne représente même pas le un centième des songes que nous avons interprétés.

Je bénis Dieu pour ce précieux don qu'Il accorde aux hommes faibles, Il est au dessus de toutes les sciences des hommes, je n'ai pas tort d'aimer tous ceux qui le servent en vérité, ça me fait un grand plaisir d'être devant mon écran et voir un homme de la même nature que moi, prêche la parole en expliquant même les questions les plus difficiles. Les scientifiques tout comme le roi Belschatsar du temps de Daniel, ne voient dans la Bible que les écrits des hommes, le roi avait vu l'extrémité d'une main d'homme, tandis que Daniel homme de Dieu a compris que c'était le doigt de Dieu, et il a donné l'interprétation de « mene mene tekkel parsin». Après avoir donné l'interprétation de certains songes, je voudrais parler de certains symboles et leurs significations.

Sujets de prière

1-Seigneur Jésus-Christ, merci de m'avoir révélé qu'il y a une mauvaise spiritualité qui s'infiltre dans les églises. C'est ainsi que je te demande de me donner la force de renverser cet esprit, au nom de Jésus-Christ, amen !

2-Seigneur Jésus-Christ, en vertu de l'autorité que tu m'as donnée de marcher contre toute la puissance de l'ennemi, je viens chasser de mon chemin, tout esprit religieux, au nom de Jésus-Christ amen !

3-Seigneur Jésus-Christ, aide-moi par ton Esprit afin que le rêve ne soit plus un mystère pour moi, donne-moi de comprendre le sens de mes songes, au nom de Jésus-Christ, amen !

CHAPITRE VI : Quelques symboles

L'étoile ou les étoiles symbolisent la grandeur, la renommée et la puissance. Nous le voyons à travers le songe de Joseph dans Genèse 37 et son accomplissement dans les chapitres suivants.

Lors de la naissance de Jésus, les mages ont vu une étoile et ils sont allés adorer l'enfant parce qu'ils ont vu en lui la grandeur, cela s'explique par le fait que l'étoile occupe toujours une position élevée, quiconque voudrait voir une étoile, doit lever ses vers le ciel, le contraire est pratiquement impossible.

La lune dans son entièreté symbolise le temps de la l'accomplissement de quelque chose, elle annonce le temps, la saison, voilà pourquoi la Bible parle de la nouvelle lune, c'est simplement une saison différente.

Le soleil annonce la présence de Jésus Christ dans une vie, car Il est le soleil levant, Il éclaire ses enfants.

Le cri du coq annonce à la fois l'accomplissement d'une parole comme dans Matthieu 26 :34, et le matin, un nouveau temps.

L'arc-en-ciel annonce une alliance avec Dieu, la Bible nous le montre au travers de l'histoire de Noé. Je l'ai aussi moi-même expérimenté.

L'aigle symbolise une spiritualité très élevée, c'est l'esprit prophétique, car l'œil de l'aigle peut regarder de très loin, sa vision est extraordinaire.

Mais l'aigle sur la carte du monde, représente l'occultisme, c'est un symbole de la fra maçonnerie.

Le chien représente premièrement, l'impureté, Matthieu 7 :6 en fait mention, en suite l'impudicité. En outre, le chien symbolise aussi l'esprit de mort lorsque vous le voyez être entrain de vous poursuivre dans le songe 1Rois 14 :11 et 1Rois 16 :4.

Le chien montre aussi que nous sommes poursuivis par nos ennemis, la Bible en parle, nous pouvons le lire dans le Psaume 59 :7 et dans le Psaume 22 :17

Le cochon symbolise la bassesse, la médiocrité, l'impureté et tout ce qui est contraire à l'intelligence et la sagesse.

Le corbeau annonce la présence des esprits mauvais, tout comme le chat, remarquez seulement que lorsque vous voyez l'un de ces animaux dans votre couche, au réveil vous vous sentez mal à l'aise.

Le hibou symbolise l'esprit de mort, dès que vous le voyez en songe, il faut que vous vous leviez pour priez, afin d'anéantir les œuvres des ténèbres.

Le serpent symbolise la présence d'un esprit de mort ou du diable lui-même, la première fois qu'on a parlé du serpent dans la Bible, c'est lors de la mort spirituelle de l'homme.

La montagne a généralement deux significations ; En premier lieu, elle symbolise un obstacle, deuxièmement, elle symbolise l'élévation.

La question que l'on peut se poser est celle de savoir à quel moment la montagne symbolise un obstacle, et à quel moment elle signifie l'élévation.

La montagne signifie l'obstacle lorsque, dans un songe, nous la voyons devant nous, et que nous ne parvenons pas à voir ce qui se trouve de l'autre côté.

Par contre elle symbolise l'élévation, lorsque dans un songe, on se trouve sur une montagne, nous sommes haut placé, et nous constatons que tous les autres sont en bas.

Lorsque Steven est allé passer son test, à son retour il est allé se reposer dans son lit. Il a fait un songe en plein jour, dans ce songe il s'est trouvé sur une haute montagne, et il voyait les gens qui avaient passé le test avec lui, ceux-ci étaient en bas.

Lorsqu'il m'avait fait part de ce songe, j'avais automatiquement réalisé que ce bon poste de travail lui avait été réservé.

Les fruits vertes représentent un projet qui n'est pas encore au point de sa réalisation, par contre s'ils sont murs, ils représentent le temps de la récolte.

Il y a d'autres images horribles que je ne peux expliquer aux hommes qui ne les ont pas encore vues, car les démons prennent des formes bizarres, vous pouvez voir en songe un animal qui a à la fois l'apparence d'un chien et d'un lion, ou encore un oiseau avec la tête d'un chien.

La nudité exprime généralement quatre situations : En premier lieu, elle symbolise la sorcellerie ou toute autre forme d'occultisme. Lorsque les sorciers vont nuire, ils sont le plus souvent nus, faites le constat, dans la plupart des cas lorsqu'un sorcier n'a pas pu s'envoler et qu'on le surprend au grand matin, il est toujours nu. Adam et Eve séduits par le serpent ont vu leurs yeux s'ouvrir, c'est là qu'ils reconnurent qu'ils étaient nus.

Deuxièmement, la nudité symbolise aussi le manque de protection, en troisième lieu elle symbolise la mort spirituelle et enfin, elle symbolise une vie qui n'a pas de secret. Je me souviens d'un pasteur dont la femme n'avait aucun secret, chaque qu'il y avait contradiction, la femme partait raconter tout à ses amis ou aux parents. Il y avait un frère qui les fréquentait très souvent. Un jour, le pasteur a eu songe, et dans le songe, il était dans son lit avec sa femme et les deux étaient nus. Curieusement, ce frère était au salon, et il avait levé le rideau pour voir tout ce qui se passait dans la chambre. Le pasteur ne comprenait pas encore le sens du songe, il es disait que peut-être ce frère avait un esprit de contrôle. Mais lorsque j'ai médité là-dessus, j'ai réalisé que ce frère les fréquentait souvent, et ils se disputaient parfois devant ce frère qui a fini par connaitre beaucoup de secrets de cette maison.

Tuer un coq ou tout autre animal symbolise une implication dans la sorcellerie, car les animaux représentent généralement les hommes que les sorciers sacrifient. S'assoir au mbongui est aussi l'image de l'initiation à la sorcellerie, car le mbongui symbolise la sagesse traditionnelle qui n'est autre que la sorcellerie.

Marcher pieds nus symbolise le manque de zèle de l'évangile. Lorsqu'une personne a perdu l'habitude de méditer et d'évangéliser, elle peut se voir pieds nus en songe. Si c'est un païen par contre, cela veut simplement dire qu'elle est vraiment attachée à la tradition ou qu'elle a des liens de coutume.

Une femme peut faire un songe qu'elle a perdu soit sa cuillère ou encore sa marmite, cela veut dire que sa maison va commencer à traverser des situations difficiles au point où elle n'aura même plus à faire la cuisine.

Rêver le président de la république peut avoir deux sens. Premièrement, Dieu peut prendre cette image pour vous apparaitre, car c'est la première autorité d'une nation. A ce moment vous le saurez par le rôle que le président a joué en songe0. Un frère par exemple était dans un programme de jeûne de quarante jours. Au bout de ce programme, il a vu le président lui apparaitre en songe en lui remettant beaucoup d'argent. Dans la même semaine, ce frère qui cherchait un financement pour son projet, avait reçu un coup de fil d'un ancien collègue de l'université qui lui avait envoyé de l'argent pour la réalisation de son projet. C'est ainsi que ce frère s'était lancé pour la première fois, dans les affaires.

Les souris traduisent la présence des esprits de pauvreté, ce genre des rêves sont généralement suivis par la présence physique des souris dans la maison entrainant ainsi la disparition ou le manque d'argent. Il peut aussi s'agir des enfants qui vont tomber malade pour occasionner les dépenses.

Etre habillé en culotte ou rester torse nue, symbolise l'enfance, l'immaturité. Un ami pasteur lorsqu'il commença son ministère, il se voyait souvent torse nue en songe. Ce qui traduit qu'il n'était pas encore prêt à diriger une église. Le téléphone symbolise la communication ou la relation, c'est ainsi qu'une personne peut voir en songe qu'elle a perdu son téléphone, et constaté par après qu'elle n'a plus une bonne communion avec le Seigneur.

La télévision par contre, symbolise la vision. Une sœur qui a un don des visions avait rêvé que sa télévision s'était grillée, les jours suivants elle ne faisait plus des visions comme avant.

L'ampoule symbolise la lumière. Un pasteur m'a raconté une histoire qui s'était passée lorsqu'il était encore célibataire. Ce pasteur avait couché avec une sœur de l'église, le même soir lorsqu'il se reposait dans son lit, il a vu une ampoule qui s'était éteinte. Quelques semaines plus tard, il a fait un accident qui a failli lui coûter la vie. Il est resté malade pendant plus de six mois.

Voilà de façon brève quelques images qui pourront vous aider à interpréter vos songes, nous devons aimer le don de sagesse, l'Apôtre Jacques, le frère du Seigneur nous encourage dans cette voie et Dieu nous la donnera gratuitement.

La notion d'heure concernant les songes

Si de nombreuses personnes accordent l'importe aux songes, il est cependant avéré de dire que seulement peu d'entre elles, accorde l'importance sur la notion d'heure.

Certains peuvent à la limite, retenir l'heure à laquelle ils ont eu le songe, mais ignorent cependant l'importance de celle-ci. D'autres par contre ne s'intéressent qu'au songe, et trouvent que l'heure n'a pas trop d'importance.

Dans mon expérience, je me suis rendu compte que l'heure est très significative dans l'accomplissement d'un songe.

Les songes qu'on fait au milieu de la nuit ont généralement un accomplissement lointain, il peut s'agir d'un événement qui va s'accomplir dans les années à venir.

Un songe qu'on fait à quatre heures ou à cinq heures, s'accomplit généralement dans un futur proche, les songes qu'on fait le jour, révèlent dans la plupart des cas, les choses qu'on est entrain de vivre, mais dont on ignore la réalité.

Le rêve dans un autre

De nombreuses personnes font ce genre de songe, elles rêvent qu'elles rêvent, quel en est le sens spirituel ?

Premièrement, il peut s'agir d'un blocage, je donne un exemple : Vous rêvez que vous effectué un voyage d'affaire et vous êtes très content parce que vous vous voyez grand. Subitement vous vous réveillez et vous apercevez que ce n'était qu'un songe et vous retrouvez votre position habituelle. Quelque temps après vous vous réveillez encore en vous rendant compte que le premier réveil était dans un autre songe. Ecoutez bien, le blocage c'est le deuxième songe qui exprime qu'il y a des forces spirituelles qu'il y a des forces spirituelles qui retardent la réalisation de certaines promesses dans votre vie.
Deuxièmement ça peut être un plan de l'ennemi que Dieu a déjoué, il s'agit des songes dans lesquelles vous vous trouvez réellement en danger. Vous avez très peur et sans secours et soudainement vous vous réveillez en vous rendant compte que ce n'était qu'un songe. Vous racontez aux amis que vous avez fait un cauchemar, quelque temps après vous vous réveillez réellement. Votre protection est dans le deuxième songe qui a neutralisé le premier.

Attitude et discrétion

Tenant compte de ce qui vient d'être dit précédemment, il tient à signaler que les songes d'origine divine exigent une certaine discrétion de la part de ceux qui le font, ils ne doivent pas être l'objet de causerie avec qui que ce soit, surtout les songes prophétiques. Deux attitudes contraires, tirées dans la Bible, nous le font dire. La première est celle de Joseph qui faisait part de tous ses rêves à ses frères et ceux-ci ne le recevaient pas d'un bon cœur. Ecoutons ce que ses frères disent dans Genèse 37 :19, la Bible dit : « Ils se dirent l'un à l'autre : Voici le faiseur des songes arrive. Venez maintenant, tuons-le, et jetons-le dans une des citernes ; nous dirons qu'une bête féroce l'a dévoré, et nous verront ce que deviendront ses songes ». Le manque de discrétion de Joseph a suscité la haine de ses frères qui le combattirent avec une haine sans précédent. Même si la prophétie est irrévocable, mais nous pouvons arriver à l'accomplissement sans trop de combat. J'avais l'habitude, lors de mes prédications, de témoigner sur toutes les expériences que je faisais avec Dieu, cela a ouvert la porte à des grandes oppositions. La deuxième attitude est celle du roi Saul que décrit 1 Samuel 10. Il s'est rendu avec sont Serviteur auprès du prophète Samuel pendant qu'ils cherchaient les ânesses de son père. Contre toute attente, le prophète lui révèle qu'il deviendrait roi en Israël et il lui donna l'onction royale. A son retour, Saul a rencontré son oncle, il lui a fait part des difficultés qu'ils ont rencontrées en cherchant les ânesses, mais ne lui pas fait part de ce que Samuel lui avait dit sur la royauté. Il a eu moins de combat pour arriver au trône.

Sujets de prière

1-Seigneur Jésus-Christ, toi le véritable enseignant, je te bénis de m'avoir fait comprendre ces symboles que je vois en songe, merci de ce que par d ta sagesse, je comprendrai mes songes, que ton nom soit loué à jamais, amen !

2-Seigneur Jésus-Christ, en ton nom je viens détruire toutes les mauvaises images qui commençaient à influencer ma vie, au nom de Jésus-Christ je vous détruis, et je renverse tous les mauvais esprits qui les avaient produit. Je vous chasse, et que le feu du ciel vous consume au nom, Jésus-Christ de Nazareth, amen !

3-Seigneur Jésus-Christ, je me repens du fait que je n'étais pas discret, j'ai raconté mes songes à certaines personnes de mauvaise fois qui médité le mal contre moi. Pardonne-moi pour cela, et ne permets pas que leurs incantations ne m'atteignent, je te le demande au nom de Jésus-Christ, amen !

4- Seigneur Jésus-Christ, je te prie de me donner la sagesse pour que je sois discret pour toutes les promesses que tu me fais en songe, car tes promesses dans ma vie, suscite la haine de mes ennemis. Aveugle-les pour qu'ils ne voient rien de moi, au nom de Jésus-Christ, amen !

CHAPITRE VII : Les sentiments que génèrent les songes

Si les songes sans importance spirituelle nous laissent parfois indifférents, ceux d'origine divine ou satanique produisent très souvent des sentiments en nous. Nous allons donc en citer quelques uns dans ce chapitre, sans prétendre que la liste soit exhaustive :

1-L'esprit agité

La Bible fait mention de quelques personnes qui ont eu l'esprit agité après avoir fait un songe. On peut citer le roi Nebudcanedsar de Babylone dans Daniel 2. Celui-ci a eu un songe qui l'avait troublé, mais dès son réveil, il avait oublié tout ce qu'il avait vu la nuit. Il savait cependant qu'il y avait quelque chose de bizarre, parce que son esprit était agité. C'est ainsi qu'il avait cherché des hommes qui seraient capables de » lui révéler son songe et d'en donner l'interprétation. Malheureusement personne n'en était capable si ce ne fût Daniel.

2-La crainte de Dieu

Certains songes d'origine divine augmentent notre crainte de Dieu, c'est ce qui se passa dans Genèse 28 lorsque Jacob a eu un songe à Bethel où il avait dressé un autel en l'honneur de l'Eternel. Dans ce genre de songe, Dieu vieut se révéler à vous, pour vous faire comprendre qu'Il vous connait en dépit des situations difficiles que vous traversez ou encore vous étiez en train de le servir sans expérience, et Il vient se révéler pour que vous deveniez plus sérieux qu'avant.

3-Le courage et l'espoir

Certains songes viennent nous fortifier alors qu'une situation difficile était en train de nous causer un grand désespoir. Jacob était en train de partir chez Laban pour éviter la colère de son frère Esaü, il ne savait pas ce qu'il allait rencontrer en chemin, son avenir était incertain. C'est ainsi que Dieu lui est apparu en songe dans cette même vision que nous avons évoquée précédemment. Jacob a ainsi eu le courage et l'espoir d'où il même fait un vœu à l'Eternel, Genèse 28 : 18-22.

4-La confiance

Un enfant de Dieu ayant eu une promesse en songe, s'en souviendra toujours lorsqu'il traverse des moments difficiles quand il est certain que ce songe venait de Dieu. Il ne pourra pas perdre l'espoir, mais il s'attendra toujours à un miracle d'autant que Dieu n'est pas un homme pour mentir. C'est ainsi que Joseph ne pouvait même pas se compromettre en dépit de l'esclavage ou de la prison. S'il n'était pas certain de la promesse que Dieu lui avait fait en songe dans Genèse 27, il serait tombé avec la femme de potiphar. Tous ceux qui prient sincèrement, reçoivent des instructions du Seigneur d'une manière ou d'une autre, c'est ainsi que de nombreux bien-aimés restent toujours attachés à Dieu quelques soient les difficultés.

5-La frayeur

Souvent les songes qui génèrent la frayeur sont d'origine satanique, mais s'ils sont d'origine divine, c'est que la personne qui le fait n'a pas une bonne relation avec Dieu. Car Dieu ne peut pas venir effrayer une personne qui a une bonne relation avec Lui. C'est ce qui se passa dans Genèse 20 : 6-8 lorsque Dieu avait parlé sévèrement à Abimelec lorsque celui-ci voulais prendre Sarah femme d'Abraham homme de Dieu. Ce même sentiment, le roi de Babylone l'a éprouvé dans Daniel 4 : 5.

6-La force

Dans Juges 7 : 15, Gédéon a eu la force lorsqu'il avait entendu un madianite qui était en train d'expliquer son songe à l'un de ses compatriotes qui en avait donné une interprétation. Le songe voulait simplement dire que l'épée de Gédéon allait frapper Madian. Bien avant, l'Eternel avait demandé à Gédéon d'aller au camp de Madian pour entendre ce qu'ils diront, c'est ainsi que ce songe a été un élément motivateur pour Gédéon qui se fortifia. Je me souviens d'un temps où je traversais des situations très difficiles, j'avais juste fait un songe qui m'a permis de comprendre que Dieu était au contrôle de la situation. Je me rappelle aussi des moments où après mon mariage, ma femme n'arrivait pas à concevoir. Une nuit j'avais fait un songe dans lequel l'un de mes oncle m'a dit ceci : « Vous avez pu avoir un enfant, mais sache que le grand frère a dit que le jour où tu vas commettre l'erreur d'aller au village avec cet enfant, il va te donner une leçon. Après ce songe, j'étais très motivé et fortifié au point où nous sommes allés à l'hôpital pour faire l'échographie qui avait aussi confirmé que ma femme avait des retards de trois semaines.

7-Le découragement

Très souvent les songes d'origine satanique visent à susciter en nous ce sentiment qui s'oppose à la foi. Examinez bien les songes qui produisent en vous le découragement, vous allez constater qu'ils proviennent du monde des ténèbres. Cependant, les sorciers font aussi des songes qui produisent en eux le découragement, mais qui sont d'origine divine. Lorsque Dieu vient délivrer un fils du royaume qui était dans une prison satanique, le sorcier peut subir des menaces
 en songes et se sentir très découragé à son réveil.
Parmi tant d'autres sentiments, on peut citer le désespoir, le trouble, les frustrations surtout pour les songes d'origine satanique.

Sujets de prière

1-Seigneur Jésus-Christ, merci parce que tu es venu me donner la vie, et aussi tu es mon espérance, voilà pourquoi je te glorifie ! Sois élevé au dessus de tous mes sentiments, amen !

2-Seigneur Jésus-Christ tu as dit que tu me donne la paix non pas comme la donne le monde, en ton nom j'ai donc le droit d'être en paix. C'est ainsi que je chasse le découragement, la peur, les frustrations, la frayeur, le désespoir et tout autre sentiment négatif. Je vous ordonne de quitter mon cœur parce qu'il est le temple du Saint-Esprit, au nom de Jésus-Christ, que le feu consume tout esprit qui génère ces sentiments, amen !
3-Seigneur Jésus-Christ, je te remercie de produire des pensées pures en moi, et je crois que tu es le seul qui décide sur mon sort. Voilà pour quoi je te bénis pour la joie, la paix et tout le fruit de l'Esprit, au nom de Jésus-Christ amen !

Ces prières ne doivent pas être faites à la hâte, soyez concentrés, s'il y a lieu vous pouvez jeûner pendant trois jours ou encore vous pouvez prier à des heures creuses pour anéantir les mauvais sentiments. Plus que vous prenez ces sujets à cœurs, plus que Dieu agira puisque vous y accordez une importance particulière.

Conclusion

« Explorer le monde des rêves » est une inspiration que j'ai reçue du Seigneur, si vous le lisez attentivement, c'est sûr et certain que vous vous rendrez compte de l'importance des rêves.
Je crois aussi que vous prêterez désormais une attention particulière aux songes, et vous pourrez facilement les situer dans les différentes catégories mentionnées plus haut.
  Et si vous ne faites pas des rêves, cela deviendra une préoccupation en ce sens que vous chercherez régler le plus vite possible, ce problème par la prière, car nous avons dit dans les pages précédentes que celui qui ne fait pas des songes n'est pas en bonne santé spirituelle.

Je rends gloire à Dieu en ce qu'il m'a fait grâce d'écrire ce livre, et surtout d'en arriver jusqu'au bout. Ce n'est toujours pas facile de commencer et puis achever, mais tout ceci est l'œuvre du Seigneur Jésus Lui-même, je ne suis qu'un simple instrument.

Soumettez-moi dans vos prières pour que je finisse aussi d'autres ouvrages en vue, car je n'aime pas les travaux inachevés.

Si ce sujet vous intéresse et que vous voulez être en contact avec nous, écrivez-nous à l'adresse suivante : bricetteministries@gmail.com ou encore appelez-nous aux 00242.973.23.90 / 01.046.75.73
Contribuez financièrement à ce ministère pour la reproduction de ce livre, en envoyant votre argent dans notre compte dont le numéro est le suivant : 24112 MUCODEC.

Buy your books fast and straightforward online - at one of world's fastest growing online book stores! Environmentally sound due to Print-on-Demand technologies.

Buy your books online at
www.morebooks.shop

Achetez vos livres en ligne, vite et bien, sur l'une des librairies en ligne les plus performantes au monde!
En protégeant nos ressources et notre environnement grâce à l'impression à la demande.

La librairie en ligne pour acheter plus vite
www.morebooks.shop

Printed by Books on Demand GmbH, Norderstedt / Germany